明公啟示錄

解密中華文明真相（二）

尋根中華文明之文字起源

范明公——著

目錄

卷首緣起

　　時至 2020 年 2 月 2 日，庚子年正月初九，在這樣一個人人皆知對中華意義不同的年分，又正值當下中華經受嚴峻考驗的特殊時期，我作為一名華夏子孫，更作為華夏文化、神性文明的傳承人，既受師命，亦承使命，普傳中華祖聖之智慧。因疫情嚴重激發啟迪，我發心更為廣泛的傳播國學大智慧，遂成此書。當在此時，與渴求復興而又倍感壓力的華人同胞，用心交流所感所悟；為歷經泱泱萬載、如今岌岌可危的華夏文明，傾盡我之所學所用。

第一章

國學修習意義深重
華夏文明之危之機之源之用

第一節

文化復興落地解決恐慌
華夏文明智慧學以致用

目前，新冠肺炎疫情非常嚴重，人心恐慌。嚴峻形勢下，人皆恐慌實屬正常，但問題在於，我們要面對和應對疫情恐慌，就應該清楚我們為什麼恐慌，也就是恐慌的真正原因。

其實問題在於，不單是因為疫情來了恐慌，而是什麼事情來了都會恐慌。那又是為什麼呢？這麼說吧，因為你並不知道宇宙自然的發展規律，不知道人生下一步的走勢，也就是你今天不知道明天會發生什麼事？所以當疫情來了，你就不知道疫情會不會跟你有關係，也不知道疫情為什麼跟你有關係？你有沒有可能被染上，怎麼能不被染上？或者，你根本就認為只要接觸病人就會染上，而你又隨時隨地都有可能會接觸到病人，因此而備感恐慌。

在現實中，我們恐慌的事情太多了，每天都處於恐慌的狀態中。人生就是一種無常，一種不確定性，為什麼會這樣？有兩點導致你恐慌和困惑：一、你沒有信仰，二、

你未掌握宇宙運行發展的規律。人也是宇宙運行的一部分，你未掌握宇宙自然運行的規律，因此你的生命是無常的，做任何事都不知道結果以及發展趨勢，無時無刻不在恐慌中。比如，家人對你不好了，自己身體不舒服了，某個項目進行不順利、有障礙了，馬上就會恐慌。每天都處於極度恐慌的狀態下，什麼事情都恐慌，人生能沒有痛苦嗎？

痛苦，來自於困惑、衝突、心腦不合一。我們每天都在痛苦中。為什麼從這些開始講起，為何由疫情引出這一番話？本書主旨是講國學文化，那這番內容，跟國學文化又有什麼關係呢？為什麼要學國學，學國學的意義又在哪裡呢？國學可不是單純為了知識淵博而學，真正的國學不是形而上的東西，不僅僅是為解決哲學問題而存在。國學亦即傳統文化，從開始到現在從未變過，是一整套經邦濟世之學，是實用之學，是以解決現實問題為第一出發點的學問。

為什麼學習傳統文化？首先，為使自己心安。當面對現實中諸多無常，怎麼讓自己的心安下來？傳統文化三大主流「儒釋道」，都是從現實出發的實用學問，不僅僅是形而上，不僅僅是虛無的哲理。

從何時起，我們的國學變成了形而上的哲理？是從清

朝開始，傳統文化變成以義理考據派為主流。為什麼呢？清朝是滿族統治天下，害怕漢傳文化中實用有效、真實落地的精髓被漢人掌握，而只允許學者從義理考據、從文字上去研究。科舉考試出題也不是從實用出發，而只從義理考據出發，把讀書人塑造成咬文嚼字的大學教授。經典如何落到實處，是不允許被掌握的，因為這些是密傳、密法，是老祖宗文明智慧的精髓所在，並不是只讓後世子孫在文字上作諸多探討，不落實地、虛無、形而上的哲學。清朝以後的所謂國學，就是講起來滔滔不絕，用起來什麼都不是。這才是國學的問題所在，我們要學的國學就是要打破這些問題。

我們傳播的這套國學，是以漢唐時期的主流，以經學為主的國學。經學以什麼經為主呢？漢的思想文化，從漢武帝之後便以儒學為主流。大儒董仲舒將「天人合一」的法則進一步發展，漢武帝「罷黜百家，獨尊儒術」，摒棄了漢之初，以黃老道學為主流的無為而治。

大漢經過近百年的休養生息，雖然百姓豐衣足食，但是民眾消極、不作為，享受生活，而北方還有巨大匈奴威脅。此時的大漢國家要富強，因此漢武帝勵精圖治、發奮圖強，在諸子百家之中，選擇儒學作為積極進取的人生哲

學，全漢推廣。從而北擊匈奴，徹底解決匈奴外患威脅。大漢的鐵血與文明，雄踞世界之巔。亦從那時起，我們稱為漢族。從那以後，中華民族兩千多年歷史，統治者統治百姓，都是在儒學體系的思想主導下，繁衍生息直到現在。

到了 1840 年，鴉片戰爭是中華的轉捩點，之前中華一直雄踞世界之巔，而鴉片戰爭之後，開始被動挨打，一直到現在。現在都在講強國夢、復興夢，怎麼復興？從哪裡復興？是軍事、教育、農業、科技上嗎？哪個方向才是復興之本？歷史告訴我們，軍事復興不會長久，蘇聯就是例子；經濟復興，只有錢也不叫復興。真正的復興之本，必是文化的復興，將曾經擁有的好東西，現在重拾起來、與時俱進。

文化復興真正是中華復興的基礎。然而，復興什麼文化？中華文化到底好在哪裡？什麼適合古人？什麼適合現在？什麼是精髓？什麼是糟粕？真正理清楚了，民族才能走向復興之路。強國夢想要實現，不能天天只喊口號，強國夢僅僅是個夢，怎麼才能落地？夢總有醒來那一天，我們要的不是黃粱一夢，我們要把夢變成現實。夢實現不了只能叫夢想，夢變成了現實才是偉大的理想。夢想、理想、妄想的區別在於，夢想和妄想是天天在夢中，只想不做；

理想是有了目標以後，腳踏實地的一步一步去做、去實現。

我們所講的國學，不同於義理考據學究派，不是咬文嚼字。我不是大學教授，而是修行人，經典是修行的一部分。經典如何與修行相關呢？佛法中，禪講究修般若法，般若是智慧。《金剛經》、《心經》、《六祖壇經》裡都有一句話：「摩訶般若波羅密」，摩訶是大，廣大無垠；般若是智慧；波羅密是到達彼岸，實現你的圓滿目標。修佛法就是修大智慧到彼岸，即怎樣用大智慧實現你最高、最圓滿的理想。

前面我們提過，為什麼在現實生活中有諸多恐懼？就是因為不知道規律，不知道人生趨勢。當你知道宇宙自然發展規律，你就知道你的人生走向和趨勢，怎麼生、怎麼死。例如，這次疫情能否感染我？當掌握了生死和一生如何發展，你的命運都掌握在自己手裡，你就不會害怕、擔心了。

所以，我們為什麼要學習國學？現實中，一個人為什麼事事無常？婚姻能不能白頭到老？孩子能不能身體健康無病、成長達到預期？所謂凡夫俗子，天天擔驚受怕，每天渾渾噩噩。人生無常，我怎麼才能從迷人變得清醒？能夠知道我的人生要怎麼過、會發生什麼，命運如何發展、

如何終結，即使現實中出現了困難、險阻，甚至危機，我的心都是安的。個人修行最高境界，要修到心想事成，達到孔子七十歲時隨心所欲的境界。怎麼才能做到？必須要有智慧，看到問題的本質，以及事物發生、發展的規律，人生的發展趨勢，這就是我們學習國學的目的，和學習經典的意義所在。

我們每個人都急需掌握這套智慧！經典不僅告訴你文字和理，不僅僅是哲學意義的形而上。而是告訴我們實用的智慧，比如這次疫情大概什麼時候發生？性質是什麼？結果會怎樣？你可能在發生之前幾個月就知道了，就會遠離危險，甚至給你的家人和親人不斷提出警示，但是不能說得太詳細，天機不可洩露。所以，我們為什麼學習國學，就是要掌握大智慧，從而掌控我們的人生。這是我們學習國學的第一目的。

在中國的角度，我們有一個強國夢、復興夢，我們希望中華民族、炎黃子孫強大起來、站起來！我們的文化是包容的，我們強大了，會帶著全世界一起強大。我們不是敵對的，是和諧的。歷史證明，中華強大了，世界才會和平。我們怎麼強大？要想復興，必須是文化的復興，民族的眾生智慧大開，只有這樣，才能引領整個世界的發展，

我們才真的有可能會像先祖一樣輝煌。

如何做到復興，從哪類文化去復興？以什麼時候、什麼階段的文化復興？要復興中華現在的文化嗎？我們現在有什麼文化？

現在中國沒有自己的文化，我們現在只有抄襲的文化，從西方學來的文化。我們之前向蘇聯學，後面又向美國學。然而，我們復興的必是中華傳統文化。

那麼，我們的傳統文化到底有沒有可取之處？傳統文化到底告訴我們什麼？講授國學的目的是什麼？

我要把由我的師父傳授、法脈傳承下來的，我自己又積累了幾十年經驗的中華祖先智慧和文化，傳播出去、傳承下去。文化，是我專門研究的領域；我不代表任何組織，只是一人之言，跟大家交流文化和國學方面的一些心得和感悟。從個人和國家民族的角度，兩方面闡述：為什麼學國學，和國學告訴我們什麼。

佛法和儒學能不能掛鉤？佛法、道法、儒學說的都是同一回事，都是祖先的大智慧，只是從不同的角度來理解。儒、釋、道都是打開我們智慧的道路和方法，只是看誰跟佛有緣，誰跟儒有緣，誰跟道有緣。佛開八萬四千種法門，對象不同，但佛祖講經四十九年，都在說一件事；儒學、

道法也都是一樣，都是為了給我們開智慧。開智慧有幾個層面，即般若大智慧如何修得，佛法裡告訴我們有三種大智慧：一、文字般若，二、觀照般若，三、實相般若。我們要修行，要解世間之惑，實現我們偉大的理想，就要從這三個角度、這三個方面來修。

首先，所謂文字般若，即從聖人經典中修得大智慧。從文字和經典中獲得祖先的大智慧，知理而樹立正知見，從文字般若中得到解悟。不要想修行不看經典，以為只要打個坐，做到戒定慧後就開悟了，那是不可能的。六祖惠能也是從《金剛經》上開悟，後面三十六年講經說法，也是從經典中修行。任何修行都是要通過學習經典得到智慧。

文字般若，從經典中得到正知見，就是建立正確的觀念。觀念正確與否對我們非常重要，你認同什麼，你就是什麼。你的認同就是你的觀念，你怎麼看待你的命運、情感、財富等方方面面，你的知見決定了你的命運。要知道自己是否具備正知、正見、正觀念，獲得智慧就得從經典中學習，從文字般若中得到「解悟」，這是入門第一步，「解悟」是方向。現在網路發達，經典太多了，若是想靠自己領悟，當你本身就有錯知錯見，你的知見是邪的，無論讀經典或者看待任何事物都是邪的。所以必須得有「善知識」

即「明師」引導，帶你解讀經典，才能用正知正見解讀經典，你才能真的看懂經典上說的是什麼。

修行從文字般若入門，從經典中開始起修，這是起點。經典是誰寫的呢？是聖人寫的。孔子的儒學十三經，都不是孔子作的，是孔子之前的聖人寫的。中華文化博大精深，我們要想研究探討，得從源頭學起。然而，國學的源頭是什麼？華夏文明從哪來的？華夏文明一出現就是一整套的體系，從來沒變過，無增無減。

我們現在對國學傳統文化的認識和態度，認為國學是為統治階級服務的，是腐朽封建的糟粕、是不科學的。這種看法由來已久，是從 1279 年元滅南宋，然後滿清入侵，再後面甲午戰爭、八國聯軍，中華節節敗退，落後挨打，痛定思痛反思的結果。歸罪於我們的文化是糟粕，必須徹底推翻，說我們的經典全是形而上，既不能吃飯，又不能種地，導致現實中被動挨打。認為學國學，就是學仁義禮智信，卻不知道為什麼學國學，國學能給我們帶來什麼？如果這個問題說不明白、理解不了，所謂的國學也就不要學了。

我的國學講的都是聖人經典，一萬年前聖人留下的經典，學它有用嗎？當然有用！學習經典不是只為了講道理、

只為了知識面廣，如果這個知見正不過來的話，就不要學了。在這裡告訴大家：國學，你沒有接觸過，你沒有運用過，你不知道是什麼！中華幾千年來的輝煌與自豪，不僅僅是大漢大唐，如周朝延續八百年的朝代，國外哪有？我們春秋戰國時期百花齊放、百家爭鳴，其哲學思想高度，是西方到現在都難以企及的。一直到清朝前期，輝煌了多少年？

中華近代被動挨打了，難道就沒有輝煌的歷史了嗎？如果我們的國學沒有真材實料，能給我們帶來軍事強大和文明巔峰嗎？漢唐宋明，外國人都來學習，中華一直引領、影響世界，不能因為近兩百年發展落後了，就全盤否定了。我們曾經為什麼領先於世界，屹立於世界的巔峰？我們以前的國學就全都是糟粕嗎？不可能啊！只是真正的國學你沒見識過，你不知道。

反觀其他國家，仍在堅守著我們的漢唐文化，並一直頗為受益。比如，日本在發達國家裡是名列前茅的，當西方工業革命開始以後，列強開始全面西化，日本明治維新，向西方學習。然而，日本拋棄了以前所有的文化嗎？沒有，還保留著當年向大唐學習的禮法、做事的模式，並且有機的結合起來了。反而是我們中國自己，全盤拋棄了傳統。

日本這叫維新，但我們中國一搞就是革命，革老祖宗

的命。不對了、不好了，就全盤否定了，把孔聖人徹底打翻在地，他說的任何一句話都是錯的，這就是我們的現狀。中國現在提出復興，骨子裡又不認同孔聖人。要復興佛法、道法還是儒學？復興什麼，並沒有實際的內容，非常可悲。因為現在已經沒有人能把國學從源頭、脈絡、發展，整體說清楚了，所有國學研究者、愛好者研究的都是片段。一個國家和民族的文化，不能只從片段去瞭解！而這就是我們在此整理、講授國學的意義所在。文中所講，僅代表我的個人見解，借此機會共同從根上聊一聊國學傳統文化。

觀照般若，是指正確的修行方法。修行不能僅在理上明，還須掌握正確的修行方法。悟有三悟：解悟、行悟、證悟。解悟是從經典當中，於理上解，這是方向；行悟是方法，得按正確的方法修行，比如禪宗修行有禪觀想、參話頭、如何修如如不動等等。方法必須有明師指點，不可從書上自學。行悟即為觀照般若，書上僅有文字般若，還並非個人能自己看懂的。

實相般若，則為終極的大智慧，達到圓滿無漏的境界。真正見到實相了，就圓滿了，也即到了證悟階段，得到正果之意。

個人修行要從這三個階段進行，先從解悟、講經說法

開始，從行悟上修，最後達到證悟的果。我們怎麼得到智慧？在經典上正知見、明方向，師父再教你具體的方法，依此方法不斷的修、改變自己，就見到了宇宙的真相、實相亦即真我。

以上是學習國學的三個階段。學習國學不是把經典拿過來逐字解讀，我講的國學是實用的國學。為什麼漢唐稱為強漢盛唐，不僅僅是軍力強盛，文化文明亦是頂峰，我們要復興大漢，我們是漢族，又叫唐人，我們很自豪！然而我們怎麼復興，漢唐時在學什麼樣的國學？

我所講的國學，都從實用的角度來講。正如孔子所說要經邦濟世，不實用的我們學它幹什麼？一定要學以致用，能夠解決當下的問題。能解決自己的問題，就掌控了自己的命運；同時，我們領悟了這些理法，就能幫助別人解決問題，引領他們去掌握他們自己的命運，這就是聖人做的事情，是傳道、授業、解惑。然而，我得先悟道，跟隨明師學到正確的理法，才能傳道、授業，才能去解別人的惑，助人自助。這就是我們學習國學的意義所在。

第二節

神性文明 高維智慧
無神守道 經邦濟世

　　從個人來講，人生追求就是要掌控自己的命運，圓滿自己的人生。「朝聞道，夕死可矣」，我這一生不惑，知道我怎麼生，為什麼生；知道我怎麼死的，又為什麼走；我走了以後，走向哪裡，都明明白白，這一生就沒白活。否則，就是渾渾噩噩，世事無常、三窮三富、富貴不長久，富帶來災、貴帶來禍，則為迷人。我們要清醒，不做迷人。說起來容易，做起來可不簡單。

　　要系統的學習經典，從經典中知道我和與我相關的人事物之間的關係是什麼，其中的規律和真相是什麼？我的命運誰在掌控，如何調整我的命運，再引領眾生掌握他們的命運？這即是聖人事業，亦是孔子之所以被稱為教育家的原因。孔子教化眾生，由自己起修曰修身，推己及家人為齊家，推而廣之圓滿企業、城市、國家為治國，最後讓與你相關的動物植物、風雲氣候，都因受你影響而風調雨順。

聖人所在的地方，人心祥和、風調雨順、無災無難。這都不是傳說，真正的聖人能夠做到，因為他能處理好人與人、人與事、人與物之間的關係，又能將這套智慧傳授出去，所以稱為教化之道。孔聖人距離現在2500年了，他的子孫都繁衍八十多代了，多大的功德呀。他的功德我們現在還理解不了，這與我們從小接受的教育顛覆太大，在我們受的教育裡，孔子是腐儒、糟粕。

但是我們現在要開始學孔子的東西，學一學聖人的十三經，看一看孔子到底是什麼樣的人，為什麼歷朝歷代，哪怕外族侵占中華，都要加封孔聖人。他的偉大之處在哪裡？沒有孔子就沒有中華民族的今天。「天不生仲尼，萬古長如夜。」如果不是上天給了我們孔子，華夏的文明就將不復存在，哪還有漢唐的鼎盛和大宋大明的繁榮？哪還有我華夏子孫萬代的繁衍生息？

因此，開始這一部分內容，為後面的系列內容作個鋪墊。我們為什麼學國學？我們所學的，包含儒、釋、道、醫、易、法、墨等等，從儒學開始，包羅萬象，都是一個整體。

國學因何從儒學開始修起？因為儒學是所有學問之根，國學其他都是儒學分化出去的，包括兵法、陰陽、法家、墨子，都能在儒學中找到影子，沒有儒學就沒有華夏

文明、沒有傳統文化。這是一個大體系，持續讀下去，就會知道中華老祖先智慧多麼博大精深，是多麼超前的科學。

如果用幾句話對國學歸納總結，華夏文明是什麼樣的文明，即「神性文明，高維智慧，無神守道，經邦濟世」。

「神性文明，高維智慧」即是華夏文明的起源；「無神守道」即是我們的信仰；「經邦濟世」是說我們這套文明文化的作用，學以致用是做什麼用的。

中華上下五千年，到最近兩百年才開始沒落。國學體系學好了有何作用，怎麼啟用？它不是為了培養國文老師，更不是為了培養哲學家、思想家，去研究形而上的。我的國學課程都是經邦濟世之學，學了這套智慧，可用一句古話總結：「不為帝王即為帝師，不為良相即為良醫。」要有這個理想，你繼續讀我後面的國學書籍，才有真正的助益。

「帝王」即創業，建立自己的商業帝國，功成名就。我們之後還有《鬼谷子》的成功學課程書籍——成功之道。覺得創業太累，想當諸葛亮、姜太公、周公、劉伯溫這樣的人物，輔導帝王，成為帝師，也可以學這套國學體系。願望志向不同，學成之後不做帝王，也可以做如周恩來一般的良相，輔佐帝王。最不濟，不想爾虞我詐、人際複雜，

獨善其身做個良醫、神醫也可以。這套國學體系學下來，不僅僅是找回自我、掌控自己的命運，而是在現實中要嘛做帝王（企業家），要嘛做帝師（頂級企業諮詢顧問），要嘛輔佐帝王做宰相（總裁、CEO），或是獨善其身、做個首屈一指的神醫，拔眾生之苦、療癒眾生。我的弟子做上述工作、事業者皆有。

中華的智慧都是整體性的，「一即一切，一切即一」，不是整體性的一定不是精髓。大道至簡，要嘛學成則一通百通，帝王、帝師、良相、良醫如何做，你一定都會知道，因為揭示的都是同一個規律。宇宙自然發展的規律知道了，人體的發展規律就知道了。所以，要嘛什麼都通，要嘛什麼都不通。你學了幾十年的國學，或者佛學、道學，不能治病，一定修偏了，一定沒修到真東西。

如果病來了都不知道怎麼調理、治療，還要帶到醫院去，你修的就全是空理論。天天打坐，能治感冒嗎？天天念佛，能防範、控制疫情感染嗎？念佛沒錯，是你不知道怎麼用。就像拿著機槍不會扣動扳機，槍是厲害，只是你不會用。國學裡有真東西，只要會用，在行行業業中都是大師，最基本的做個良醫輕鬆自在，救苦救難，積功累德，子孫受益。

孔聖人教化眾生，有一整套教化之道。漢武帝培養菁英，就是用孔聖人這一套教化之道，非常成功，漢代的文臣武將，二十幾歲就功成名就。我現在把這一套菁英教育重新挖掘出來向弟子傳授，進而廣傳於世。

漢朝培養菁英，七歲從《爾雅》開始識字，之後學《孝經》，再學《論語》。現在流行的諸如《弟子規》和《太上感應篇》，都是教人從善，但是僅僅向善還不行，《弟子規》不是古籍經典，不是聖人留下來的智慧，是民國時才有的，有些東西不究竟；《太上感應篇》僅是教人向善。但對孩子的教育應該是全方位的，只向善在社會上生存是有困難的。善是陽，是光明，但是你還得有力量，聖人教我們的東西，一定是陰陽兩至，是圓滿的。關於孩子的教育，學問太大了，後面我們會一點點的講教化之道。教化是聖人引領眾生的道路，非常重要。

我是禪宗洞雲宗四十八代弟子。我在西南交通大學上學時，學校就在四川峨眉山腳下報國寺旁邊。我在報國寺中得遇我的師父，一名報國寺的遊方和尚。我師父是禪宗洞雲宗四十七代傳人，因此我是從禪入門，專修大悲咒，亦承家學道法「紫薇蠱術」，後到儒學，一通百通。在我這一代，我的師父告知我，法門要普傳。因此，我承載著

師門的使命，普傳老祖宗的智慧。現在正值新冠肺炎疫情嚴重，以前我都是面授課程，現在發心更加廣為傳播國學大智慧，以書籍、影音視頻多種傳播方式講授。

開篇我講了國學的意義，隨後會講華夏文明起源，為什麼叫神性文明、高維智慧；進而是中華民族的信仰，文化的根基就在於信仰，有了信仰才有文化，為什麼我們是無神守道。之後，我們再講儒學體系中，《孝經》孝道、教養之道，「夫孝，德之本也，教之所由生也。」要想領悟國學文明，修習儒學，必得從孝開始起修。解讀儒學的書籍浩如煙海，我所講的這一套國學是針對於經邦濟世的。在此與大家一同探討，廣結有緣。

第三節

上古文明皆為神授
中華聖人智慧曙光

　　講到華夏文明的起源，我們華夏文明首先是「神性的文明」。國學老師講這方面有點不倫不類的感覺，然而，我們的文明確是起源於古文明。在四大文明古國時期，地球上有四個閃光點，古巴比倫、古埃及、古印度、華夏文明，那是文明的曙光。考古發現四大文明古國有個共同點，他們所拜的神都是人和動物的合體，叫半神人。

　　兩河流域古巴比倫文明，他們的神是半人半獸，是半神人；古埃及的神是獅身人面、狼首人身，也是半神人；古印度的象首人身，也是半神人。華夏文明的起始者是伏羲和女媧，傳說是人首龍身的兄妹，繁衍生息而有華夏民族。我們華夏文明是神性文明，不是哪個人發明創造的，而是半神人直接帶來了宇宙最發達的文明。

　　而華夏民族的人始祖是伏羲和女媧的母親：華胥氏，她生下了伏羲和女媧。那時候是母系氏族，華胥氏是華胥族的部落首領。她是個少女的時候，有一次到郊外玩，一

下落入一個大坑，感而受孕，之後生下了伏羲和女媧。伏羲的樣子是人首龍身，女媧也是人首龍身。華胥氏怎麼會生出這樣的孩子？和掉入的那個坑有關係，那個坑是雷神的腳印。雷神至剛至陽，華胥氏少女至陰，陰陽結合生出伏羲和女媧。雷神所到之處，行雲布雨，聲如巨雷，其實古人的雷神就是龍神。也就是華胥氏踩到了龍神腳印，生下了伏羲和女媧。龍神和華胥氏是伏羲女媧的父母，伏羲女媧又繁衍生息，形成了華夏民族。

這就是我們為什麼叫龍的傳人，伏羲和女媧的父親是龍，所以我們是龍的傳人，帶著龍的基因。我們的人始祖是華胥氏、第一個朝代是夏，把「華」和「夏」結合起來就是「華夏」。傳說當中也有真實的意義，伏羲女媧是半神人，我們現在所研究的，由孔子解讀出來的整套華夏文明體系和落地實踐方法，全是半神人伏羲留下來的。

同一時代在地球上有四道曙光，使民開智。到了現代，為什麼其他三大文明古國都消失了，卻只有中華的文明傳下來了呢？因為，那三個文明古國的半神人，祂們來到地球上，是把人當成了奴隸，為自己建造宏偉的宮殿，讓人膜拜祂，並不傳給當地人宇宙的智慧和規律。當半神人沒有了，人們只知道要拜神，沒有獲得真正的智慧。

而我們的半神人——伏羲和女媧，不讓我們去拜祂們。伏羲和女媧把一整套宇宙規律無私的傳給中華大地的人們，一代代往下傳承，但卻不讓人拜祂們自己，很偉大，我們的文明是這麼來的。我們多麼自豪，我們的文明來自於未知的宇宙深處，是神性文明。這些不是地球人的發明創造、不是經驗積累。仔細想想，令人不禁感到敬畏！我們的文明有可能是人創造、積累出來的嗎？人能有那樣的聰明才智嗎？不可能。我們感激伏羲和女媧，是祂們把這套神性文明直接傳給我們。

一代代流傳，黃帝、堯、舜、禹他們只知沿用，到了周文王才解讀出伏羲的八卦，八卦相疊成六十四卦，一點點把規律形成了文字，所以周文王叫中古聖人。他把這套文明規律編纂成了《易經》。《易經》是中華的萬經之首，所有中華的文化體系全都從《易經》裡來，所以我們要敬畏。周文王寫出的《易經》沒有幾個人能看懂，但《周易》的思想體系在周朝流傳，大家各自去悟。

悟了四百年左右，到春秋戰國時期，百花齊放、百家爭鳴。孔子出世，才把這套神性文明徹底落地，形成了人倫道德體系，方方面面的各領域如何去做事，怎麼運用規律；把陰陽定律、五行規律、八卦含意，以及如何運用全

都解讀出來了，全都彙集在經典當中。

孔子是華夏文明承上啟下之人，上古之神創造了華夏文明，是孔子使之落地。伏羲創造八卦，這八個符號稱之為「天」，它揭示了人、自然、宇宙之間的關係；周文王解讀這八個符號，演變成六十四卦，稱之為「地」。有天有地還看不懂，必須有「人」。上古聖人是最頂級的科學家，他們說的都很簡單，但是太高深了我們聽不懂。所以，沒有孔子，我們無法理解上古聖人對宇宙自然規律的理解和掌握。

孔子不但看懂了、解讀了出來，進而把這套體系、定理定律總結出來，教我們在現實生活中如何應用這套上古智慧、人倫道德。孔子是中華第一位教育家，廣開教化之門，通過他編集的經典，用大眾能理解的通俗語言，把規律真相傳給我們，既讓我們看得懂，又教我們怎麼用。華夏文明的源起雖不是孔子，但他是承上啟下的樞紐。孔子是老師，我們是蒙童（有待啟蒙的孩童），是他手把手、一點一滴的從「1+1=2」教會我們，使我們最終到達博士。是他打開了中華民族的文明之門，因此說他偉大！

「天不生仲尼，萬古長如夜！」沒有孔子，中華大地萬古之中，人人都如同活在黑暗裡，始終見不到曙光。孔

子是一盞明燈，點亮了千千萬萬盞燈，千萬盞燈又點亮了億萬盞燈，中華大地才有一片光明，才有華夏人文歷史的一切，才有我們華夏文明引以為豪的一切！

上古神授、中華聖人一脈相承的這套智慧太厲害了，這就是為什麼漢唐時期華夏文明屹立於世界之巔，大宋、大明和清朝前期都是中華鼎盛時期。這麼厲害的東西治療一個瘟症算什麼！富國強兵算什麼！真的把神性文明掌握了，哪怕掌握一點，我們就會重新屹立於世界之巔。之所以講起源，就是讓有緣人知道，我們中華華夏文明難能可貴，值得炎黃子孫發自內心自豪，從伏羲到現在流傳上萬年，不能在我們手裡斷絕。

第二章

文字起源 文明之起源
中華民族的起源

第一節

華夏文明同根不可分割
佛道儒醫融合一通百通

　　前面提到華夏文明的起源，既然是起源就要講通講透，因為學習傳統文化、華夏文明，當然要從起源開始學起，我們要學習整體性的文明體系，一定要知道是怎麼來的。研究一棵樹，要從種子入土、生根發芽開始研究，先知根，然後才有幹，慢慢才能研究到枝葉，不能從枝節末梢開始研究起，不能簡單用一片樹葉去研究整棵樹。我們既然講國學，也是要從國學的根講起，任何一個國家或民族的起源和文化，都是因人而來的，首先要明白在當時的環境下人的起源，然後再去研究經典和文字。

　　我們學習國學，就要從文字般若、經典中學習祖先的智慧。然而，經典是怎麼來的，由什麼組成的呢？一定得有文字，有了文字才有經典。口耳相傳的準確率、精確性不到位，不能稱之為經典。

　　這是我的一家之言，是我的師父將自古一直流傳的法脈傳承給我，並經過我三十多年不斷的歷練、驗證、考據，

越來越證明師父所傳的是正確的。專業的考古資料和證據不在這裡詳細闡述，在此給大家簡單的講一講，不代表任何組織機構，各位權作故事一閱。

國學雖不是講歷史，而國學又不離開歷史。講國學，總要有個來龍去脈，我們要講的必是整體性的，要學就從根上學，不會太細，講個框架，廣結有緣。大家可以帶著輕鬆、趣味的感覺閱讀，我並不是很嚴肅的國學老師，嬉笑怒罵都在這裡面，也沒有固定的提綱，都是自我腦中流淌而出，想到什麼就講什麼。嚴謹的義理考據派很多，而我並不是，我講究學以致用，寓教於樂。涉及神話傳說，就當評書故事聽，覺得有道理就點個讚，沒有道理就不必再看，大家互結有緣而已。後面我會系列講述下去，從頭讀起會有個整體概念，後面繼續讀著讀著逐漸就能讀懂了。

從源頭說起，就不離神話故事，傳說中就有真的歷史存在。

所謂真的歷史，不是我們現代普通人能夠理解的，那個時代、那個階段，人是非人的狀態，地球是什麼構造、有什麼生物，和現在是否一樣？很可能顛覆你的認知。雖然離現在不過兩萬年左右，但是地球生態結構發生了很大變化，這些在歷史中都有記載。我講的神話傳說不是奇幻

故事，不是臆想的科幻小說；我不是特別嚴肅的學者，但也絕不是忽悠的學者。我說的任何話句句不離經典，包括國學傳統文化的起源，我講的所有內容，在經典中一定能找到來處。

　　我是修行人，研究國學也是我修行的一部分。修行不離經典，這叫文字般若，然後才有觀照般若，即現實中的修行方法。智慧一定從經典而出，必須有明師帶領先深入經典。比如六祖惠能如此大徹大悟者，也是從《金剛經》中開悟，何況我們凡夫俗子，怎麼離得開經典。打坐念佛就能把經典中的至理、規律悟出來嗎？那只是觀照般若，沒有文字般若，所悟的不是經典之理。要想知道宇宙規律，必須明師帶領學習經典。修行必須從文字般若入，在觀照般若修，才能證得實相般若，也就是圓滿的大智慧，真正找到了自我。

　　在東方智慧、中華老祖宗強調的修行終極目標都是找到自我，找到「我」這顆心，明心見性，才是修行圓滿。找到自我，才能掌控我的命運、圓滿我的人生，這是東方智慧。

　　我所說的「東方智慧」僅指中華的智慧，不包括印度的智慧。我們和印度完全是兩套文明體系。有人說，佛法

產生於印度傳到我中土，對我們中土文化有很大的影響，所以印度的文化和我們應該很接近。這是大錯特錯！佛法在印度從產生到消亡是階段性的，印度的文明不是佛法文明。佛教在印度大陸從來不是主流，印度主流宗教是婆羅門教，現在變成印度教。有一部分人後來又信奉伊斯蘭教，形成了巴基斯坦。印度的文明源頭、文明體系跟中華民族都是不一樣的。

佛法產生於印度，但佛法的宗旨、修行方式和終極目標，和印度本土的婆羅門教截然不同、正好相反。佛法講究尋回自我、圓滿自我的人生，圓滿了自我又來度芸芸眾生，讓眾生皆能找到自我。這個宗旨觀點，這套理論，都不是印度所有的，而是中華先祖所有。

印度是多神教，印度人是信神的。佛法曾經在印度鼎盛。後來，達摩大師把心法帶到了中土，玄奘大師也把六百部經書、即佛法精髓帶到了中土。這樣一陰一陽，主要的經典和心法都傳到中土，在中華大地紮根發芽，形成我們特有的「禪」。到唐朝中期，六祖惠能確立禪宗，佛法就已經和中華本土文明完全融合在一起了。誕生於印度的佛法在中華大地開花結果，融入華夏文明當中。唐玄奘離開印度取真經回長安，五十年後，印度的佛法、佛教、

寺院、僧侶在印度就逐漸消亡了。印度近代的佛教是外面傳回去的佛教，現在印度已沒有自己的佛教了。

佛教的理論、修行方法，佛教終極到彼岸、尋找自我及圓滿人生的宗旨，根本不符合印度自古以來的模式和觀念。佛教融入華夏文明後，和儒、道完全結合起來，佛、道、儒講的都是同一件事，同一個宗旨，建立在共同的信仰基礎上，只是度化的眾生有所不同。有的人和道有緣，用道法度化；有的人和儒有緣，用儒學度化；有的人和佛有緣，用佛法度化。你可以理解成，佛、道、儒只是外面穿的衣服不同，身體其實都是同一個人。

我們不可以把佛道儒分開，不可以講修佛的不參道、不學儒；修道的不修佛、不學儒；或說學儒的看不起佛道，認為那是迷信。會這樣說，那都是境界不夠、看不透，三教其實同源，三教其實同理，三教其實同修，這是境界的問題。如果帶著法門的偏見，認為自己只是佛教徒，儒學道學就接受不了，就會排斥。

現在，我們高度一定要足夠。前面所述，其實都在說明一件事：華夏文明是一個整體，不可割裂。不管華夏文明中的佛道儒、兵法、醫、教育、農業、陰陽、風水等方方面面，其實都是同根、同源、同修、同理，我們是在這

個基礎上學習國學，這些統稱為傳統文化。我們的傳統文化是不可分割、不可割裂的，在這個認同的基礎上我們再來聊文字。

經典是由文字組成的，而中華的文字是有特點的。

中華的文字是怎麼來的，為什麼是方塊字？只有中華是方塊字、象形字，西方文字則是符號組成。我們是如何認同中華傳統文化的？若是因為中華老祖宗曾經創造了屹立世界的輝煌就認同，那你是因為看到結果所以認同；近兩百年被動挨打，結果不好了，就全面否定了、不認同了。我們不能以結果為導向，那樣就會起起伏伏。我們首先要知道，我們漢唐的鼎盛、宋明的繁榮，是為什麼？又為什麼近兩百年被動挨打，處於弱勢？得知道原因，然後從文化當中尋找精髓所在，找出哪裡有問題，是否有糟粕。

是應該復古，完全向古人學習？還是拋棄古人，完全向西方學習呢？必須得暸解整個文化，研究透徹東方文化和西方文化是怎麼來的，才能找到方向性。中華為什麼鼎盛？我們鼎盛的時候，西方的文化處於什麼階段？中華為什麼會鼎盛了幾千年？這兩百年西方發生什麼了，中華發生什麼了？這些清楚了，方向就明確了，前行的路就明確了。

有同學說，這涉及到國家民族文化大背景，跟我有什麼關係呢？我現在只關心家庭幸福、孩子乖巧、多賺點錢、身體健康，這些切身的事。什麼叫整體？中華的智慧就是整體的智慧，大的方向不清楚，小的自我必然不清楚；大的清楚，小的必然就明確了；小的明確了，大的也清楚了。一通百通，舉一反三。

　　有人問，現在新冠肺炎疫情怎麼辦？能不能教我們方法？學了國學就能成神醫嗎？是，我的弟子個個都是良醫，他們沒學過中醫、西醫，就是跟我學國學，有的半年，有的一年，下山哪個不能治病？抑鬱症、痛風、偏頭疼、過敏等等，不吃藥也不打針，就用國學，這些都能治。那是神通嗎？不，其實像這樣的人，在周朝八百年、漢唐時期比比皆是，宋以後越來越少，到現在基本絕跡。

　　我們現在看見的大師、神通、特異功能者多數都是江湖騙子，充其量是個江湖術士。看起來很神奇，卻沒有理論基礎和理論體系。這樣的人都是嘴上說一句：我很厲害！然後做各種表演，諸如隔空取物，或是抓蛇等等，後來發現都是障眼法、魔術這類騙人的東西。

　　難道中華沒有真功夫、真正的神醫嗎？有，只是你沒見過。所有的真功夫、神醫，一定是掌握了整套的國學體

系，在此基礎上再勤修苦練，達到證悟的境界。其實修起來很簡單，大道至簡，但必須得有明師引路。

不管儒、佛、道，修任何一家，要檢驗一個人是否得道，修的是不是正法，該怎麼看？不要聽他說，行家一出手就知有沒有，不用看別的，就看他是不是良醫。任何修行人，高僧大德、活佛仁波切，無論是什麼名頭，不管他修行多少年，只要一點即可驗證他有沒有道行：能不能治病。

所謂治病，可不是當你生病了，他過來告訴你只要念佛消業，業消了病就好了。絕不是這樣！治病必然有他的一整套療癒方法，背後有強大的理論基礎。是否有真修行就看能不能治病。

非常簡單的道理，任何修行，學的都是宇宙大道之理，即宇宙發生、發展、運行的規律。人體就是小宇宙，大宇宙的規律掌握了，自然就掌握了小宇宙的規律，就一定能做到手到病除，或者口到病除，不需要吃藥、打針、針灸，那都是下乘之醫。

《黃帝內經》告訴我們，中華上乘的醫是：理色脈而通神明，合之金、木、水、火、土，四時、八風、六合。

色脈是通靈，國學和通靈有什麼關係？不通靈而談國

學，離道、離真正的國學十萬八千里，根本入不了門。有人說，通靈不就是大仙嗎？若這麼認為，那是你還不通理。我所講的句句不離經典，都可以在聖人經典中找出來。聖人怎麼說的、怎麼做的，我絕不敢說一句離經叛道的話，尤其是面對普羅大眾，我擔不起那個罪業。但是你聽到不一定能接受，因為這和你從小受到的教育差異太大，太顛覆。

有人感覺：看病不去醫院？又是一個大師騙子，不打針吃藥病就能好，怎麼可能！

但是請注意，我不是指看病不去醫院，而我們講的是最上乘的中華醫學，那是有針對性的，是針對人群中的「上上根」這一部分。對上上根就是應用上乘之醫來療癒，療癒也是修行的過程，是自我圓滿的過程。所有的病都不是我們的敵人，如果和身體抗衡衝突，就會永遠衝突下去，不僅是和你自己衝突，還會和你的家人、伴侶、孩子衝突，和你的工作主管衝突，和現實中的人事物都在衝突，那是一種模式。真正的修行，修的是一種融合，不是忍讓、包容、忍耐。

第二節

神授文字 萬字退化剩千字
立體文言變白話

經典是從文字而來，文字是怎麼來的？傳說中，黃帝委派四目倉頡造字。上古時代的半神人，長得什麼奇形怪狀的都有，倉頡這個人有四隻眼睛，四目代表兩目通天、兩目通地，即通天徹地。中華傳說，就是倉頡創造文字。我們有很多的漢字，一個人的力量能創得出這麼多漢字嗎？有人認為有可能，因為蒙古文也是一位高人所創造出來的。日本文字、韓國文字也都是人創出來的，中華的文字跟它們有什麼不同？

把文字講明白了，才能知道經典的出處，這裡我們來說說，中華文字到底有什麼不同。後世的人創造的文字，不管哪一種文字，都不完善，有漏、有缺陷，而我中華的文字不一樣。

中華文字和後人創出的文字區別有多大？歷史考據可見，考古發現最早、最多的中華文字是商朝的甲骨文，甲骨文是寫在龜殼上面的文字。文字並不是商朝時被創造的，

其實在夏朝,文字就已經成熟。在河南省安陽商朝殷墟遺址,有大量的甲骨文被發現。經考古研究,從 1900 年左右發現甲骨文到現在僅有一百多年的時間,然而寫著文字的龍骨其實一直都存在。中藥學專著《神農本草經》上記載,從秦漢時候起,就專門有「龍骨」這一味藥材,而民間又以刻有字的龍骨作為高品質的龍骨。秦漢一直到現在,用掉、吃掉的甲骨文,不知有多少!

迄今為止,考古學家發現了大約十五萬塊龍骨,大量商代的甲骨文字,這十五萬塊龍骨裡面有多少字呢?經過語言學家一百年來的研究,不重複出現的單體字有五千個左右。從秦漢時期把甲骨當成一味藥材,大量消耗上百萬片到現在僅剩十五萬片,現存所有甲骨上總共有接近一萬個甲骨文單體字。而現在出土的五千個單體字中,語言學家經過一百多年研究,大概能認出一千字左右,剩下四千個到現在都還不認識是什麼字。這一千字,在《說文解字》裡都能找到對應。商朝距離現在接近四千年,而當時的甲骨文字,流傳下來被發掘的只有五千個單體字,我們只能辨識一千多字。

按理說,經過四千年的進化,我們應該認識更多字才對。現代人都受過基礎教育,都有文化素養,本科畢業、

博士畢業的更是不在少數，但你認識多少字？據統計，中國一個文學本科畢業生能認識三千字，普通人則連千字文裡的一千個基本字都認不全。中華文字在商朝的時候，就已經是非常成熟的一套體系，而我們的上古先祖能熟練運用的文字至少一萬個，這是什麼概念！現在所謂的文字專家、研究文字的學者們，覺得自己能認識、運用多少個字？這樣一比，中華文字還能說是積累來的嗎？我們現在運用文字的能力和古人相差太遠了，雖然經過四千年進化，比起古人來卻是小兒科。

正常來講，不僅上古之人的文字我們能熟練掌握，經過四千年進化積累，文字運用量應該更大。其實不然，現代的中國人能認識一千個字、熟練運用六百字就不錯了，而語言學者能熟練運用兩千到三千個字也就不錯了。

我們現在的語言是越來越貧乏。現在的人看到一幅美景只會說：「啊！真美。」或者「太美了！」而漢唐的時候，一個普通百姓，老夫老妻耕地累了坐在田頭休息，發出感慨：「鋤禾日當午，汗滴禾下土，誰知盤中飧，粒粒皆辛苦。」優美的詩句順口就來。三百首唐詩，也是民間採集而來的，古時老百姓隨口就能吟詞作賦，反觀現代人呢？

現在人寫出的詩歌，能稱之為詩嗎？語言、文字太貧

乏了。我們跟上古之人比，就像是幼稚園的小孩相較於博士，現代人到底是進化還是退化了？作詩、寫文章全是大白話，開口全是「唉呀，太美啦！」不覺得汗顏嗎？如果僅是背了很多經文，即使出口成章，但也生硬得很。

問題出在哪裡？我們要從文化的根來瞭解這些。我們的文化、中華的文明、文字，都不是累積而來，是一瞬間整體出現的，一下就形成體系了。文言文體系是累積來的嗎？是孔聖人發明了文言文體系嗎？也不是！看一下《詩經》、《尚書》我們就知道了。《尚書》是上古之書，文言文體系早就成形了。再看看《禮記》、《易經》，甚至甲骨文裡的用語、語句、語序，可以知道，文言文在甲骨文時就已經成形了。

然而關鍵是文言文體系怎麼成形的？古人為何如此聰明？有個說法講「文字本天成」，然而文字並不是莫名其妙、沒有出處的。我們講這些，是為了稍後學習經典做基礎準備，瞭解經典為何是智慧的象徵：因為經典由文字構成。

在這裡要強調一點：中華所有的智慧有一個共性——突然出現。沒有漸進累積的過程，我們的文字就是這樣的，

絕不是某一個人創造的。有人問：「總得有一個創始人吧？」其實中華文字既不是個人創的，也不是進化來的。

出土的十五萬片商朝甲骨裡，不重複的單體字有五千個，而且文法、詞義、句型是非常完善的一套體系。如果它是人創造的，累積漸進的，那現在應該比四千年以前累積得更多，語法應該更精準，語句運用應該更優美、更深刻。但是我們現代人，能看懂甲骨文嗎？再看看《詩經》，現代人誰能寫出來？最簡單的詩，也許還能看出點意境來；但稍微高深點的詩，連譯文都看不懂，更別說意境了。現代人讀文言文，就像幼稚園學生看博士論文，就是那種感覺。

在此告訴各位，華夏文明從來就不是進化來的。就有讀者想問了，那華夏文明是怎麼來的？怎麼能瞬間整體出現，而且是一個成熟的體系？正是因為是神授的文明。我們的文字也繼承自上古傳說中的神，是神授而非進化。中華在上古就有一套高度發達的文明，後世的人繼承了一部分，文字是其中的一部分，醫是其中的一部分，宇宙的自然規律及《易經》也同樣是其中的一部分。所以華夏文明是神授的文明、神性的文明，這些都有根據，有史料記載。

也有人感到疑惑，學國學為何要研究上古神話？因為，國學的根就是從那裡面來的，根不清楚，國學怎麼學？然而，從 1919 年五四運動到 1949 年中華人民共和國成立以來，很多著名學者居然提出廢除中華的文字，使用拉丁文，尤其是電腦剛發明的時候，英文和漢字不同軌，意味著我們就此要落後於世界，很多學者提議取消漢字，直接推行英文，而直到現在還有學者提議改用拉丁文。

為何文字就要講這麼多？本書的讀者，應該是國學愛好者，那你肯定不贊成把中華文字和文言文取消，但是不贊成也得有依據。

有人說西方的拉丁文 26 個字母，容易學，只要拼湊起來就能成為一個個單詞，很簡單，而且跟世界接軌。方塊字筆畫多、不容易學，寫字的速度也比較慢，都是糟粕為什麼還留呢？已經過時了。

如此大篇幅的講解文字來源，就是告訴讀者諸君，我們的文字不是華人祖先自己創造的，而是來自於神授，來自於上古時期掌握宇宙規律的半神人，也可稱之為神。此神並非左右我命運的神，而是掌握宇宙規律的那些半神人，那也是我們真正的祖先，是他們把在宇宙運行上億年甚至

幾十億年，逐步形成的對宇宙規律的認識，一時間全盤教授給了我們，我們接過來一點點消化。我們作為炎黃子孫、作為神性後代，先祖留傳給我們的大智慧，卻由於看不懂而一點一點消亡、無法傳承，甚至逐漸作廢掉。這樣的子孫，是多麼不肖。

我們應當真正理解中華文字的意義和含意，祖先為何留給我們這套文字，它的好處和現實意義在哪裡？清楚理解了以後，你不但會對中華文字感到著迷，更能從文字上體會我們的先祖、上古聖人是多麼偉大。西方拉丁文的創造，跟中華上古聖人相比，是天差地別，差距無法形容。上古神授的整套成形體系，我們接過來直接就可以用，因此中華的文明才能綿延不絕，延續不斷幾千年一直到現在，不得了啊！

其實早在夏、商之前就有一整套完整的文字語言體系，我們一瞬間就接過來了；接著到春秋戰國時期，百花齊放、百家爭鳴，諸多的教育家、聖人出現，又把文字及語言的結構充分落地，形成各類經典，諸子百家運用語言的程度達到了至高點。然而從秦朝以後就開始不斷退化，漢唐時候還能保留古風，宋朝以後繼續退化，到現在幾乎退化殆盡，現在的中國人已不會運用自己的文字了。

你是會說中文語言，但想一想你每天的語言中運用多少字？事實上，我們天天使用和日常對話，總計不超過五百個字。只要自己試一試就知道，寫一篇一萬字的論文或小說，然後看看這篇文章裡用到多少個中文字，就瞭解你運用語言文字的能力了。一般來說，基本上用不到五百個字，因為全是大白話。如今的白話文也不存在語言結構了，蒼白無力，說出的話全是固定套話，跟古人如何相比！僅看孔子《繫辭傳》甫一落筆就是「天尊地卑，乾坤定矣」，每個字代表多少含意，每句話都是立體的。

　　現今的白話文就如同白開水，索然無味！我們運用語言文字的能力已經大大退化了，這就是華夏的悲哀。我們現在還能解讀出經典的含意嗎？傳給我們神性文化的上古聖人要是知道我們現在的樣子，得被氣死！這些不肖的子孫，這麼好的智慧體系傳授給你們，居然被這樣對待，還要否定傳統文化、漢文字，否定中醫、陰陽五行理論體系、《易經》，否定所有神授的文化智慧體系，一心只想向西方學。西方如何與我中華的文化相比，當春秋戰國時代百花齊放、百家爭鳴、大智慧迸發之時，歐洲是什麼狀態？還處於一片黑暗。

　　當中華擁有一整套對宇宙規律的認識、總結、哲學體

系，一系列巔峰之作出現之時，西方哲學家提出對宇宙的看法還是極為幼稚的，而且直到現在，西方對宇宙都沒有全盤的認識。西方看似科技超前，那只是應用科學；中華祖先的智慧是基礎科學。應用科學要發展其實很快，而基礎科學要想成體系就太難了。而我們祖先承載的，神授給我們的就是一整套的基礎科學智慧體系，多麼難能可貴！

我們作為華夏子孫，不能因為不懂、理解不了，就拋棄、排斥、否定，甚至唾棄我們老祖宗的這套智慧！現在已經將其束之高閣，然而即使不用，也不能去毀滅它！就算現在學不明白，未來一定有能明白之人，為何不先將其保存起來？但是現在的形勢，是要把我所有華夏文明，從語言、文字，到思維模式，所有的一切都要毀掉。我們總是要革命，難道最後革命的結果，是讓中華的文化蕩然無存，中國人不會說中國話、不會寫中國字，更不要說讀懂幾千年前祖先留下的經典啦！

現在世界上只有中國人有能力讀兩千年前的經典原著，只有中國人才能運用四千年前的文字讀《易經》經典。這是全世界其他任何一個國家和民族，都夢寐以求、但都做不到的事，只有中華民族可以做到。華夏文明一直傳承不斷，就拜賜於祖先給我們傳下來的文字語言結構和體系。

中華的祖先太偉大了，四千年前就已經有一整套成熟的、成形的、非常利於傳承的文字語言體系，這是西方國家和民族望塵莫及的。我們華夏文明文化文字體系，豈可丟棄毀掉！

第三節

象形文字神授文明共性
聖人克己復禮述而不作

　　方塊字、象形文字，就是神授文字的共同特點。前面
提過，人類文明的第一道曙光有四大古文明：古巴比倫、
古埃及、古印度、中華。在那個階段，這四個地區都有高
度發達的上古文明，而且這些上古文明有兩大共同點。

　　第一個共同點是人神共居，都是半神人和人類共同生
活。古巴比倫人信奉他們的神，為神建造宮殿和空中花園，
古埃及也一樣，太陽神等各路神祇統治大地，人類則作為
奴隸建造金字塔。看看埃及那些神廟遺跡上百公尺高、圓
柱粗大，一個人都無法環抱。人類再高也不過兩百公分，
人類的國王身材再高大，也不可能住在幾十公尺高、大殿
無比空曠的房子裡。顯然，那些神殿是給神建造的居所，
可見當時人神的差別，神祇之高大與人類之渺小。

　　第二個共同點是象形文字。四大上古文明用以記錄使
用的文字都是象形文字，象形也就是用圖畫記錄。古巴比
倫的楔形文字、古埃及的聖書象形文字，古印度曾經的印

章文字，和中華的甲骨文、金篆、隸楷等，都屬於象形文字。我們現在用的象形文字，是由畫演變而來，用象表現出形。「山」字就像山峰，「水」字就像流水。

上古的文明一定是高度發達。那時的遺跡，比如埃及的金字塔、英國的巨石陣，太多的古文明遺跡，現代人都建不出來。幾百噸的大石頭，是怎麼堆上去的？現代人都做不到。尤其中國，古文明的遺跡更多，而中國古文明遺跡特點是與自然融為一體，表面上很難看出來。史前的文明是高度發展的文明，四大文明古國為什麼共同使用象形文字？如果不是這種文字有其特殊超前之處，四大文明古國怎會同時使用呢？

上古文明的文字和語言結構，只有中華文明的文字語言唯一留傳於世，但是也已經快滅絕了。我們一步步不斷走向中華文化、文字和語言結構的滅絕。當文字不認識的時候，經典就讀不了，祖先傳承的智慧就掌握不了。屆時，我們就徹底和祖先智慧隔絕了，徹底融入到西方那套文化體系中了。

關於文字起源講了這麼多，就是要告訴大家，中華文明是神授的文明，是上古高度發達文明的遺產，非常難能可貴。直到現在，所謂的科學無法破解它，更無法運用它。

我們的文明文化體系是巨大的寶藏，潛藏著上古高度發達文明的密碼，蘊含著巨大的資訊與力量，華夏炎黃子孫一旦破解了這套智慧，我們的國家民族立刻就會崛起。

我研究這套智慧幾十年，越研究越覺得中華智慧太博大精深、太神奇、太落地實用了。華夏子孫應當要對我們的文化，對我們的文字，對我們的經典心存敬畏，要把它們當成至寶。哪怕我們現在還無法全盤理解它，只要我們知道這是一個巨大的寶藏，現在不理解，不代表華夏子孫永遠沒有人能理解。一定會有人勘透它，一定會有人能找到那把進入寶藏的鑰匙。一旦寶藏大門打開，立刻光芒萬丈，中華的崛起也將從那一天開始。

這正是本書的意義所在，也是我的使命，讓炎黃子孫都看到、聽到。我只是個文化承載者，所有跟大家講的東西，都是孔聖人的經典裡已經告訴我們的。孔聖人對傳統文化的態度是「信而好古，述而不作」。信，就是信這一整套的文明體系，堅信它，因為它來自於上古高度發達的文明，是神授給我們的，這叫「信而好古」。「述而不作」是指把這套神授文明體系描述出來，讓當下及以後的人能看懂，孔子只做這件事。他是聖人，為什麼不去創造呢？因為，即使再有創造力，你也只是人，如何與神相比！人

是多麼局限，當神把整套宇宙運行的規律放在人的眼前，人理解不了，聽不明白、看不懂，就不認同它的價值。

孔子一再強調「克己復禮」，這是孔子修行的起修處。

為何「克己」？因為「聰明人」的共性，就是喜歡創造創新。「克己」是指一定要克制住自己，再聰明也不要把我自己認為的東西當成至理，讓大家學習；復什麼禮？復周初之禮、上古之禮，禮即禮儀規範，制度從此而來。克己復禮，即克制住自己不要去創造創新，要把上古神授給我中華的這套智慧，原封不動、原汁原味的解釋出來、傳遞給世人，教化眾生。孔子正是如此承先啟後，他把整套的神授智慧，不加自己的任何觀念，原汁原味的描述給後世華夏子孫。

對於「聰明人」、「大智慧者」來講，能克制住這一點實屬不易。現代的聰明人都好為人師，開口必是「我認為」，「我的經驗是什麼」，「我的成功來自什麼」，「你們應該向我學習、向我看齊」。而我們的孔聖人，就強力的克制住自己，明確表達自己的一切都是上古聖人所傳。包括我們的語言、文字、醫學體系、《易經》、宇宙規律都是。《黃帝內經》就是上古智慧直接傳下來的最典型例子。

《黃帝內經》二十萬字，是我們中華標誌性的醫學經典，沒有《黃帝內經》就沒有中華醫學。中華兩部醫學經典，《黃帝內經》講醫學理論體系，《神農本草經》講藥理藥性，這兩部經典形成中華的醫學體系。《黃帝內經》在春秋戰國時期成書，當時立刻就達到了一個高度，就形成了一個龐大完整、天衣無縫、環環相扣的體系，前期沒有鋪陳，後世無法超越，突然就出現了。它是怎麼出現的呢？

　　其實，《黃帝內經》不是一個人寫的，它是彙編本，上下兩篇，基礎理論都是一樣的，但是細節有很多出入，絕不是一個人從頭至尾寫出來的，一定是一批人整理彙編形成。為什麼會憑空出世一整套理論體系？而這套理論體系的高度達到什麼程度？它的經脈學、藏象學、氣血運行學、臟腑學、經絡學，是現在的醫學根本就看不透的。

　　但是中華應用《黃帝內經》幾千年，即使不完全理解，依然行之有效，保我中華幾千年來不受大瘟疫的影響，保我華夏子孫幾千年代代繁衍。《黃帝內經》也不是累積來的，它是如何而來呢？《黃帝內經》裡面所記載，就是岐伯和黃帝的對話，是師徒之間口耳相傳的紀錄。岐伯是上古之神，黃帝是人中之龍、人的代表，《黃帝內經》述說

了上古之神怎麼把這套智慧體系傳給人的。

現代人看不懂《黃帝內經》，是因為沒有掌握上古文明體系告訴我們的宇宙規律，沒掌握就根本無法讀懂，那超越了我們的智慧所能達到的程度。破解上古高度文明智慧的密碼、鑰匙，一直都在山中修行人的手裡掌握著。而為什麼掌握上古文明智慧體系的神仙在山裡？為什麼明師都在山裡？這就跟大洪水的典故有關了。

上古時期，地球上四大文明曙光同時存在，而另外三大文明如何消失的？有這麼一個典故：大洪水。這是一場瀰漫世界的大洪水，在所有民族的傳說中，都曾經記載過一場大洪水。

在西方的聖經故事裡，大洪水是上帝對人的懲罰。上帝提示諾亞，讓他在洪水來臨前打造出方舟，把地球上的人、動物和植物都雌雄成對的放在方舟裡。大洪水來了以後，摧毀了一切，只剩下乘上了方舟的人、動物和植物。大洪水過後，他放了一隻鴿子出去，而鴿子叼了一枝橄欖枝回來，告訴倖存的人洪水已退，陸地顯現出來。所以白鴿象徵和平、拯救，橄欖枝象徵新生與活力。

中華也有大洪水的傳說。傳說在上古高度文明的時候，居住於黃河一帶的中華領袖，即是那些半神人：伏羲、

女媧，神農氏、炎帝，傳至黃帝、堯、舜、禹等等三皇五帝，其中包括黃帝的孫子顓頊。顓頊上位後，有一個叛臣水神共工不服，帶領一幫叛亂的神，與顓頊大戰。這場大戰過程中還有一個著名的分支傳說，就是水神共工和火神祝融的神仙大戰，以後有機會再詳細講述。繼續說到，顓頊聯合各部落把叛亂的共工擊退，共工一路向西北敗走，逃到了天邊一個叫不周山的地方。不周山是撐天之柱，阻攔了共工的去路，共工一怒之下衝撞不周山，把擎天之柱撞傾斜了，天就傾塌了。不僅造成了大洪水，而且從那以後，天墜西北、地陷東南。所以中國地圖西北是高原，東南地勢低，河流全都從西向東流入大海。原來在正上方的星空，不周山傾倒之後，天墜西北，主要星空都傾向了西北，再看宇宙星空，包括北極星也在北方了。

這些雖是傳說，但傳說之中有真實，我們須得理解。只是現代人已經達不到能理解的境界了，需要修行提高境界後，方能一聽即通，現在讀者可以先權且當做傳說故事聽一聽。

而這些傳說故事的意義，在於知道我們的文明、文化、文字從何而來，經典的出處在哪裡，為什麼聖人告訴我們後世要「克己復禮」？不要以為自己聰明就去改造世界，

就想要創造新世界、打碎舊世界。況且，這個現代人想要打碎的舊世界，並不是所謂封建奴隸主安排的舊世界，卻是上古半神人所授，擁有整套神授文明的舊世界。神授文化，你僅需按照它去做就好了，先不論能不能理解，好好去做，就能做到和順眾生、天下太平、國泰民安。有些人說古人太蠢，所以要改變。真正瞭解是誰蠢嗎？知道現代人退化成什麼樣了嘛！現代人才真的叫蠢。

中華所承載的，是上古高度發達的文明。別以為現代人就比上古文明更高、更時尚。你錯了！人性不變、人心不變，宇宙運行規律也是亙古不變的。因為這些不變，所以上古高度文明的神傳給我們的智慧體系是至理、規律。就好比一個人養了一群寵物，人掌握著宇宙自然的規律，但這群寵物能聽明白嗎？人需要不斷教化這些寵物，不是讓它們拜人，而是要教化它們，這些寵物裡面有智商較高的、理解力較強的，人就把這套智慧傳給它，即使以它的智商不能全然理解，但只要能照著做就行了。

孔子看透這一點之後，告訴我們一定要「克己復禮」。上古聖賢傳給我們的所有體系，我們只需要照做。有人說「復古」是僵化，這麼說的人，其實是不懂這套智慧是怎麼來的。在上古聖人面前，我們人類就如同那群寵物，因

為我們比猴子等動物更聰明些，所以伏羲女媧選擇了我們，手把手親自教導我們。

結果，我們當中所謂的「聰明人」說要創造新世界、打破舊世界，結果創造的新世界是什麼世界？再聰明，你也是普通的人，能比神厲害嗎？你要是覺得自己智慧比上古神人高，覺得你很聰明，那被稱為「三玄」的三部經典：《易經》、《黃帝內經》、《山海經》，你能不能看懂，能不能解釋清楚，能不能完全運用？若是字都認不全，更不要說能懂得《山海經》寫什麼，或《易經》是怎麼來的了！有人說《易經》是周文王囚於羑里七年作的，你錯了，事實上也不是周文王創造的。

我們前面提到《黃帝內經》是彙編而來，等到後面講授《黃帝內經》時，你就更能明白為何是彙編本了。遠古時期，一個神人教，很多學生記，結果後來發現有好多版本的《黃帝內經》，各個氏族記錄的版本都不一樣。到了戰國時期，把民間各個版本彙編在一起，形成了二十萬字的《黃帝內經》。《易經》、《山海經》也是同樣，包括《道德經》也是如此。《道德經》出自老子之手，但也不是老子的發明創造。在此我講的神話故事，雖然寓教於樂，並不極為嚴肅，但同樣句句不離經典，絕不是我自己憑空

創造的，我也同樣要「克己」。

　　幾十年來，我一直在研究挖掘，中華傳承下來的上古文明到底傳遞給我們什麼東西？華夏的文明真是個大寶庫！何必一味向西方學，西方只是應用科學發達而已。中華的上古文明，只要我們掌握一點，然後在應用科學方面我們再奮進一點，必然馬上超越西方。這就是中華的智慧！文字部分的解說雖然只開了個頭，希望大家有所感悟。哪怕你無所感悟，但只要讀者對我們的傳統文化、語言、文字能有自信、自豪，能覺得這是塊寶，我就知足了，我的使命就完成了。

第三章

文字標誌文明昇華高度
經典神性血脈洪水難斷

第一節

神性文字標誌神授文明
中華自古不向外族學

前面描述神仙大戰感覺像說評書故事似的，其實是為了講授文字的起源。國學大智慧，「國學」傳統的文化、祖先的智慧，都離不開文字。

文字是什麼？文字是文明的源起，是文明的標誌。沒有文字，何稱其有文明。而且，在真正進入學習經典之前，我們要清楚經典的來處，經典是由文字組成的，所以，我們就要先瞭解文字是怎麼來的。不僅要瞭解東方文字，我們中華現在寫的方塊字是怎麼來的，還要瞭解現在普行於世的英文、拉丁文是怎麼來的。然後我們認真比較一下東西方的智慧、東西方的文明。

我們不能王婆賣瓜、自賣自誇，只因為我們是中華民族的後代、炎黃子孫，老祖宗的東西就是好，西方的東西就是不好。現在世界大同，我們不能有分別心。對於我們所擁有的好東西，不能妄自菲薄；對於我們文化中的糟粕，我們也承認。西方也有好東西，我們要去接納、認可和認

同；同時知道，西方也有不如我們的地方。

東西方文化的優劣不同，我們是在比較當中學習。這樣學習國學的智慧、學習國學經典和知識，才能做到不死板。在比較當中，我們能更深刻的領悟中華真正的智慧文明，以及東西方各自的優點所在，這樣才能做到活學活用。

講文字起源，不可避免要講到上古時期的歷史。雖然是講歷史，都是神話傳說、神仙故事，但是還是那句話，我所講的，句句不離經典，所有的論點論據一定在經典中有出處。包括上古神話，也都不是忽悠，不是科幻小說。

前面講文字起源提到兩個要點，但沒解答清晰。其一是，上古時期地球出現了文明的曙光，有四大文明古國，包括古巴比倫、古埃及、古印度和中華，後來為何僅剩我們中華文明體系在延續，那三大文明古國哪裡去了，怎麼就消失了呢？其二是，上一章末尾，提及華夏文明有一整套完整的修行體系，是中華智慧中真正最精髓的部分，是打開我們華夏文明巨大寶藏的金鑰匙，那麼這個鑰匙是否傳承下來了？掌握在什麼人的手裡？其實，傳說中華有一套修仙體系，即神仙的修行體系。神仙、修行人都在山上修道，而神仙下山、道士下山，則是解危救難。為什麼神仙都在山上修行？這套修仙體系到底是什麼？

本書的主題是國學，為何講到神仙體系了？在此告訴大家，國學範圍很廣，並不是只有經典、全是知乎者也，都是仁義道德禮智信，國學沒那麼狹隘。我們所講的國學是華夏文明，是一整套博大精深的體系。既然我們要涉獵國學大智慧的博大精深體系，必須從整體上瞭解。文字是非常重要的一部分，沒有文字，就沒有文明，文明的產生以文字和語言的產生為標誌。

　　前面講了我們中華的象形文字是怎麼產生的，它不是逐漸積累、整合而來的。那是如何而來的？我們說那是神授的文字。什麼叫神授呢？就是在上古的時候，我們有一個高度發達的文明階段。據古史記載，那個文明高度發達的社會階段，存在著最先進的、揭示宇宙自然規律的一整套體系，非常完善，包括我們的文字、語言，都在那兒，是上古的文明。

　　中華的文字不是隨著人類進化，從舊石器時代到新石器時代，從智人到現代人而演變；不是從伏羲一畫開天地，後人一點點累積，再由黃帝命倉頡造字，我們一點點學習，逐漸累積形成的，不是那麼回事。是出現神授文字的時候，華夏民族就全面掌握了一整套的文明體系。所以我們的文字是神授的文字，也叫神性的文字。而我們現在講述時，

先講文字和語言系統，然後一步一步深入。

如前面所講，當時文明的曙光出現在世界上，四大文明古國都有高度發達的文明。而且，這些高度發達的文明，所供奉或祭拜的神明都差不多，可以稱之為半神人。他們的特點都是一半是人、一半是獸，比如說有古埃及的狼頭人身、獅身人面，古巴比倫的鷹頭人身，古印度的象頭人身；而中華的伏羲、女媧是人首龍身，其實都是一類上古之神、半神人。他們都是掌握宇宙自然規律的，但所傳下來的文明內容不同。

中華上古之神和古巴比倫、古埃及和古印度的上古之神有何區別，上面也曾提過。中華上古之神，以伏羲和女媧為代表，而我們的神其實很多。比如盤古，一說中華歷史都會說到，「自從盤古開天地，三皇五帝到如今。」這是中華的起源了，在這裡先著重講文字，就從伏羲、女媧繼續，因為伏羲是我們的人文始祖，中華的文明是從伏羲、女媧來的，是他們傳給我們的。我們的神，不讓我們去崇拜祂；我們的神，告訴我們宇宙自然的規律，打開我們的教化之門。

其實最早的時候，人和神是混居的。在上古時期，也就是伏羲、女媧那時候，人首龍身的祂們，是那麼高大。

高大到什麼程度？現代正常人的身高一般是 160 公分到 180 公分，上古時候的人高矮也沒太大差別，古今之人基本上差不多，一萬來年沒有太大變化。那麼伏羲女媧的身體有多高呢？他們是人面，卻是龍身，身體得有多長、多麼高大！這麼說吧，我們人類在伏羲和女媧面前，基本就像螞蟻一樣。

如何判斷半神人到底有多高大呢？我們可以到古巴比倫所在地，就是現在的伊朗兩河流域一帶，看看那些神廟的遺跡，或者是到埃及去看金字塔，看一看埃及神廟，就可以看到神居住的地方是多麼高大。幾十公尺、上百公尺高的建築，都是所謂的上古時期神明居住的地方，人類走進去真的就像小螞蟻一樣，現代的人都建造不出來。如果說當時的神廟是人類為神建的，那就太誇獎人、太高看人了。所以上古時期的神，掌握著高度發達的技術，我們現在所謂的科學巔峰，其實是高度發達的上古文明。這是迷信嗎？不，現在的考古、科學一再證實，曾經上古的時候就有過高度發達的文明社會，而且是四個文明。

中華的神和其他三個古文明的神，不同之處在於：古巴比倫、古埃及和古印度的神，把人當成了奴隸，讓所有的人去崇拜祂們；人和神的等級畫分非常明確，人絕不可

以踏進神的殿堂，人就是低下的，受神的指揮，而神在保護人。是這樣的一種關係，人拜神，而神能決定人的一切，人不聽話神就降下懲罰。在西方的考古證據裡面，好多都是人一旦不服從，神會用各種方式懲罰。那是什麼關係呢？就是一種主人和奴僕的關係。那三大文明古國，神都是高高在上，坐在高大的殿堂裡，人類匍匐在下，聆聽神的指示，讓你幹什麼就幹什麼。神在人間再找個代言人，君權神授，代神統治這些人，他們是這種關係。

而中華上古之神不是這樣的。伏羲氏、燧人氏、神農氏、女媧氏、黃帝等神，都不把自己當成高高在上、讓大家五體投地去崇拜的神，和人是一種平等關係。完全平等不可能，但是祂們並沒有把中華的眾生子民當成奴隸，而是想盡辦法啟發我們的智慧，想盡辦法讓我們開化。對於我們人類來說，那時候是生活在蠻荒之地的蠻荒之人，我們那個時候民智未開，而我們的神，諸如伏羲、女媧、燧人氏、神農氏、蚩尤、黃帝等半神人，則是想盡辦法讓我們民智開化。

伏羲氏教人開智慧，「一畫開天地」，把祂們這些神掌握的宇宙自然規律教給當地的人，讓我們開化。用我們能聽得懂、看得懂的符號，也就是象形文字來教導我們。

所以，祂傳給我們的時候，中華子孫學到的就是一整套的文字體系、一整套的語言溝通模式。所以這不是累積的，是一下從天上掉下來的。因為我們有那麼厲害的老師，掌握了一整套的智慧，不需要我們做學生的一點點去摸索，一點點去總結，一點點去積累。華夏文明的起源，這一點是非常重要的。

我一再明確的說，這些雖可以當神話故事看，但是其實不是神話故事。當我們真正瞭解中華的文明、文化是怎麼起源的，我們才真的能夠發自內心的去感受我們的文明，才會敬畏我們的文明，才會把我們這套文明體系真的當成至寶。如果不知道起源，還以為就是古人自己想出來的，或者以為是他們看星星、月亮的運行，計算討論出來的，那你就不會、也不想去敬畏它。事實上，無論幾千年前的古人開個會，或現代人開個會，不管有多聰明，都不可能商討出這套文明體系。

中華的文字和語言結構、我們的文言文體系，從降世的時候就是一整套完善的體系。包括我們的醫學體系，亦即《黃帝內經》的醫學體系，也不是累積而來，而是一開始出現就是最高，然後就看後世子孫怎麼用、能用到什麼程度。但是從理論體系來講，沒有能與之比擬的了。中華

的語言文字、語法、中華的文言文體系、語言結構，都是人類文明中最高層級，無可比擬。就算英語、法語、西班牙語，跟我們比，一定是望塵莫及。

現在就從源頭講，先把中華文字怎麼來的講清楚。知道上古的時候發生了什麼？明白文字是怎麼來的，你就知道中華的醫是怎麼來的，我們的帝王學怎麼來的，我們一整套的神仙修行體系怎麼來的，這些都是同根而來。我們要學國學，要先把根研究清楚，根清楚以後，再去學習樹幹，再去觀察樹葉，我們就能從整體性上觀察了，就能多問幾個為什麼，就知道我們學習祖先的到底是什麼了。

說回另外三大文明古國和我們的區別，由於在上古高度文明階段，那統治三個文明古國的的神，只讓當地的人來拜祂們，這些神就是眾生的主宰，信祂、聽祂的就能得到想要的一切；不信、不聽者就會受到嚴厲的懲罰。而當他們上古的文明消亡了，上古的神已經不存在了，這套模式卻還深深的烙印在西方世界那三大文明古國眾生的骨子裡，這深刻的模式印記，到現在都磨滅不了。所以，西方人不能沒有神，他們必須得有上帝。

但是，現在西方人所崇拜的上帝，就是上古文明時期，曾經在地球上統治過他們的神明代言人。那就是他們的根，

他們必須得有個上帝。所以，看西方世界三大宗教，首先是基督教，基督教裡再分為天主教、東正教、新教，再怎麼分，基督教拜的就是上帝。人是上帝創造的，上帝創造了一切萬事萬物；既然人都是上帝創造的，人的命運也就掌握在上帝手裡；人就是上帝的羔羊，必須得聽上帝的。地球一共才七十多億人口，基督教教徒就有三、四十億，占了一半。

再者，三大宗教中還有伊斯蘭教，伊斯蘭信徒也有一、二十億人口，很多國家都信奉伊斯蘭教，伊斯蘭教也是拜上帝耶和華啊！他的真主就是耶和華，他們也必須得有神。第三，猶太教也是世界性的宗教。這三大宗教，基督教、伊斯蘭教、猶太教，基本上占了世界的三分之二人口。這三大宗教全是信上帝的，這就是西方國家的信仰主流。而且他們信上帝的方式跟中華的信仰不一樣，他們是覺得真正有那樣一個上帝，就得聽祂的，「我聽祂的了，我想要什麼祂就給我什麼，我人生當中的一切都是上帝給的。我這一生結束了以後，我就能上天堂，上帝能把我引進伊甸園。」一切都是求上帝！

然而進入十四世紀，到了文藝復興時期，有一股叛逆的潮流出現了。中世紀時期，即文藝復興之前，整個歐洲

所謂有文明的地方，人們必須信上帝，不信的異教徒就必須處死。到文藝復興時期，有一批人堅決不信上帝，並提出疑問：有誰看見上帝了？所以，這一批人打破了西方信仰的束縛，認為宇宙自然有其規律，並沒有上帝。文藝復興之後，文藝、哲學、思想方面大解放，要自由、求民主，人就是人，然後才出現了伽利略、哥白尼、達爾文等一批科學家，出現了《進化論》那些著作理論，都在否定上帝。

這個時期，發展出了蓬勃的文藝、哲學、思想、教育等，各個領域、各個方面，都衝破了上帝信仰。時至今日，現代科學家如果信上帝那還研究什麼科學啊？只信奉上帝就行，一切都是上帝給的，自己研究什麼規律啊？祈禱上帝就好，宇宙自然的規律都是上帝定的。你敢研究上帝？在研究上帝怎麼創造世界嗎？這是不是大叛逆呀！所以，科學和宗教就是對立的。

西方的歷史，我也會為大家好好講一講，為什麼？需要對比，知己知彼，百戰不殆嘛。我們現在的對手是西方，不是要敵對和對抗，不是要跟他打擂台，但是總得有個比較，東西方的對比。中華現在方方面面節節敗退，教育、信仰，還是文明、科學方面，都不如西方強。灰頭土臉的兩百多年，中國人都成東亞病夫了；現在雖然經濟發展起

來了，但西方人依然瞧不起，認為中國人是一幫沒有文化、沒有文明的野蠻人。

關鍵是，現在中國人絕大多數都認同這一點，認為中國沒有文化，中華的祖先都是腐朽的、破落的、一無是處的。我們的文字，方塊字那麼多筆畫，多落後啊！你看人家拉丁文一筆到底就寫出來了，多先進啊！我們羨慕人家，西方的月亮都是圓的。如果都這樣想，我們的民族何以復興，何談崛起！不如跪在西方人面前，向他們俯首稱臣吧。

比如日本。日本人是什麼學習狀態？日本人覺得誰厲害，就真的俯首稱臣跟他學，是真學，你讓他跪他就跪，你讓他幹什麼他就幹什麼，但他一定堅持到學會了。等他真的學好、比你強了以後，回過頭來打死你、滅了你，這就是日本。日本近代開始也都是向英美學習，明治維新以後，自己覺得不可一世了，甲午戰爭把清朝北洋艦隊都幹掉了，得到了賠款，國力大增。日本覺得學得差不多了，就開始狂妄了，聯合德國偷襲珍珠港，打掉美國的太平洋艦隊。以前你是我師父，我現在比你強了，就打死你，這就是日本。

咱們中國，一直以來，從上古到甲午戰爭之前，從來就沒向外人學過，我們泱泱大國，居於世界中心，所以我

們叫中國、中華、大中華。中華九州之外的全都是蠻夷之地，都是沒文化的、沒有教養的野蠻人。大中華的子民，那是至高無上的，我們掌握著最先進的文明，最高水準的制度，最現代化的智慧體系，都是外族向我學習。幾千年來，大中華的心態都是這樣，從來就沒向什麼其他的國家民族去學過。

中華不強調用武力征服全世界，也不必用武力征服。大唐的時候，全世界的所有民族、國家，都得派遣唐使到大唐來學習，都得向大唐俯首稱臣，我為何還要派兵去鎮壓你呢？我的文明和文化、我的禮儀、我的制度，這些已經把世界征服了。所以我們從來沒有做過任何向其他國家或民族學習的準備，根本沒有。

為什麼？講到現在，應該清楚了，我們不向其他國家去學習，不向其他的民族和種族學習，就是因為大中華的文明，所有的文化體系、制度，都是來自於上古時期的神，我們怎麼可能向野蠻、不開化的人去學！中華的神授文化，是宇宙規律的代表，只有其他國家向我們學。大中華幾千年來，在軍事、經濟、文化、教育、農業、制度等，方方面面都領先於世界，而且領先的不只一點，是遙遙領先。

我們可以橫向與西方對比，也可以縱向與歷史對比。

不包括近兩百年的大中華歷史，從夏商周，到秦漢唐宋元明清，我們怎麼可能向別的國家或民族學習呢？就如蒙元，蒙古把中華滅了，把政權奪了，你統治著我，我們內心也不會屈服，最後你還得學我中華。別看你用武力把我征服了，你征服的是我的肉體，可征服不了我的心、我的靈魂。元朝不到一百年之後，蒙古、成吉思汗的子孫、黃金帝國家族，都被大中華的文化文明給融合了，全變成了大中華的一分子。這就是文化的力量、文明的力量。

接著是滿清，滿族即使統治了漢族，讓我改了髮型，又如何？幾百年以後的現在，純粹的滿族人也很少了，還是被大中華的文明包容融合了。武力只能解決一時的問題，暴力消滅的是肉體。肉體消滅了，思想還在，哪怕大中華只留下一百個人，最後我還是會同化你，你都得成為我的一分子。

這可不屬於狹隘的民族主義。我們現在說的是一個理，為什麼大中華在兩百年以前，就沒有向外族學習的概念？因為我們一切的文明制度，一切的一切，都是上古時期高度發達文明的那些神，直接賦予我們的，我們直接就接過來應用了。上古發達文明的神，不是我們的主宰，而是我們的老師，手把手的教授中華眾生，讓我們開悟、開

智。多少代神都在教我們，《黃帝內經》裡面其實寫得很清楚，就是神如何把這些醫學知識、人體的運行規律，這套最高的體系，手把手的教給人的。

第二節

中華嚮往昇華信而好古
信仰凝聚民族述而不作

　　所以說，大中華的炎黃子孫，骨子裡就有一股清高、驕傲，因為我們的老師是神。所以，絕大多數的中國人都有心向菩提的情結。何為「心向菩提」？就是都有一顆修行的心，追求人的昇華，對一整套神仙體系的嚮往，對神仙的羨慕。所以我們對神話小說、歷史傳說、武俠小說特別感興趣。中國人對上山修行的嚮往感覺，是一旦遇到一位明師，能領我進入修行之門，能把我領入正法，那捨棄身家性命都會跟著老師去修行。那種求法、求道之心，只有中華才這麼強烈。現在就知道原因了，因為我們知道，我們的先人曾經被上古高度發達文明的神仙們點化過。

　　中國人骨子裡、DNA 裡都知道，神仙真的有，是人類的昇華。我們是人，神仙們教了我們人怎麼昇華的方法，也就是上天之道，學道就是學天道。所以，中國人總是說要符合天道，其實就是符合上古之神們教給我們的規律。學好這些之後，再通過上古之神教給我們人的修行方法，不斷的修行，提高我們的修養，提升我們的道德，讓我們

更純、更靜、更加放下分別，然後就能昇華，我們也能變成神。所以，只有大中華的炎黃子孫對神仙體系的嚮往，嚮往修行和追求圓滿的心才這麼強烈。

西方人不一樣，他們不求一定要學習和掌握規律。他們最強烈的追求是什麼呢？是要找到真神，然後五體投地，向真神祈禱，時時刻刻的信祂、求祂，祂就能給予一切。而咱們東方可不像西方，我們中國人、炎黃子孫從來都不是要找那尊主宰一切的真神，都聽祂的，信祂的，然後擁有一切，中國人從來就沒有過這個思想。這是從最根源上來講的。

現在所有的根源性問題，在我們的文化和我們的發展過程中所存在的問題，當你清楚了根之後，自己就能分析了，你的智慧一點點就開了。當然這些都是說給上上根的人聽的，上上根之人一聽到這些，馬上就會感興趣；聽著好像非常荒謬，但是從中就能聽到一些他嚮往的東西，就能解他多年的困惑，一下茅塞頓開，就知道修行如何起修了，就會堅定的走下去。

那麼也一定有一部分人聽了我所講的，就當作神話故事，感覺真假難辨、半信半疑，這就是中根之人。「聽著好像是那麼回事，但也太荒謬了，真是那麼回事嗎？胡扯

八道吧？當然還有那麼一點道理。我權且再聽一聽，看看後面還能忽悠出什麼，我再聽一聽。」會這麼想的就是中根之人。還有一部分是下根之人，一聽到的反應是：「純粹扯淡，這哪是國學老師啊，這不是大騙子嗎，騙人嗎？憑空出現的一大師，騙我們，講得不著邊際。」然後哈哈大笑！

《道德經》說，道，就那麼簡單，沒那麼難，沒那麼高深，越是高深離道越遠，大道至簡。但是，真正的大道一定是顛覆的，大道之理是你作為一個普通人無法理解的。所以《道德經》又講：「上士聞道，勤而行之。」上根之人一聽馬上照做，雖然感覺顛覆，但這是對的、是真理，就會按此照做；「中士聞道，若存若亡。」即半信半疑，時做時不做，想起來覺得應該對，就做一做，覺得應該有點扯，就不做了，這是中根之人；「下士聞道，大笑之。」下根之人一聽就哈哈大笑，覺得這是胡扯八道，是騙子！老子馬上又說了一句：「不笑不足以為道。」如果沒有這一批人哈哈大笑著罵你胡扯，這就一定不是道。

聽我講課，看我的書，有人越聽越想聽，越看越喜歡看。日日聽月月聽年年聽，老師天天講，再荒謬再不可理解，也願意聽，願意看，這就是上士；中士，就是半信半

疑，表現狀態是一段時間瘋狂的聽課，過一段時間就遠離了，這就是中士，半信半疑；其中一定有一批人聽一節課、看幾分鐘書，完全不覺得可信，然後哈哈大笑！該幹什麼就幹什麼吧，別聽這些虛的、沒用的……這樣的下士之人，只聽一點點就遠離了。其實什麼事都講究緣，我的國學課程一定不同於其他老師的國學，因為我講的不僅僅是常規意義的國學。

我們繼續把上古源頭講明白，知道了中華和西方在根上有什麼不同，整個信仰、文明體系到底是什麼，就會更清楚了。四大文明古國中，除了中華以外的三大文明其實是同一個模式：拜神。他們當時的神並沒有把宇宙自然的規律，包括體制、世界運行機制等，真正教給人。現在整個西方都是拜上帝，其實即使他們不拜上帝，也得找一個其他神去拜，比如太陽神。他們一定得有一個神，這是他們的共性，是他們核心的模式，沒有神，就受不了、沒法活。

而中國人，我們上古文明的神，教給我們的就是宇宙自然的規律，告訴我們宇宙當中，沒有任何一個神能決定我們的命運。

但是宇宙是有規律的，做任何事情，我們得按照規律

來。這個規律，我們就稱之為天，所謂：「順天者昌，逆天者亡。」這就是上古之神告訴我們的。他們親自把規律教給我們，讓我們掌握，教得很全面，等上古之神們離開以後，我們人就追尋著祂們教給我們的規律，來組織我們的生產，組織我們的城市，組織我們所有運行的機制體制，代代相傳，一直到現在。

不幸的是，近一百年，神授給我們的這套規律，被不肖的炎黃子孫，基本上丟得差不多了！當中華的語言和文字被丟掉的時候，意味著我們整套從神而來的文明就消亡了。屆時，我們就得向外去找一個能夠保佑我們的神，就將融於西方的一神體系，我們自己的體系就沒有了，這是非常可怕的。到那時，所有的中國人將全部淪為奴隸，沒有自己的文明、沒有自己的文化，民族也就無法稱之為民族了。民族和種族的區別在於，種族是沒有凝聚力的，只是同一人種的一群人；而民族是有文化凝聚力的，只要有這些，哪怕不是相同種族，一群人在一起都會保有極強的凝聚力，這才叫民族。

可以想想，非洲還有民族概念嗎？現在世界上有好多的民族，比如我中華民族，還有日爾曼民族、法蘭西民族、印第安民族等等。當然，印第安民族現在基本上沒了，人

都快沒了。非洲黑人倒是很多，但他們還能算是民族嗎？現在一說到非洲裔黑人，只是算作一個種族，並不是說種族有什麼不好，只是因為他們上古的文化文明沒了、消亡了。而一旦文化文明消亡了、沒有傳承、繼承下來，就意味著共同的信仰沒有了，他們已經沒有文化凝聚力了，就不叫民族了。整個非洲幾乎沒有什麼原住民了，要嘛被伊斯蘭教同化了，要嘛被基督教同化了，傳統的語言和文字現在都變成考古使用的了。所以現在整個非洲的黑人，叫黑人種族，永遠都得是平民階層了。別看奧巴馬能當上美國總統，那只是緩和一下，民族都沒有了，這群人沒有凝聚力了，還有什麼力量，就會永遠成為平民、淪為奴隸。

中國人現在之所以還能跟西方世界一拚，跟某些國家對峙、對抗，因為我們有十四億人，再加上海外還有接近一億人的華僑。華僑雖然身居海外，但還是中國人，還是中華民族的一分子。因為我們有共同的信仰、共同的文明、共同的文化，這是我們的底蘊。所以不管身在何處，我們都有民族的凝聚力，這種凝聚力能把十五億華人，結成一股強大的力量，我們才能夠團結起來，對抗那些想欺負、奴役我們的國家和民族。

一個人的力量是多麼渺小，一個民族的力量才會真正

的偉大、強大。我們該怎麼樣保持我們堅強、堅定的民族性呢？中華的民族性就體現在我們最深的文化、最深的信仰之上。只有在這上面能找到共同點，能找到共同的歸宿，然後我們才能凝聚起來，進而強大起來，才不會淪為奴隸。一旦中國人拋棄民族文化，成了一盤散沙，各人只管各人，一定就會淪為奴隸，我們就將失去力量，就將是世界上最早被淘汰的那批人。

所以，為什麼要開講國學？就是要把文化、文明、信仰跟大家交流一下。聽的人越多越好，越知道咱們的老祖宗到底是誰，咱們的智慧體系是什麼、好在哪兒，信仰到底是什麼，文化到底是什麼，文明到底是什麼；越可以知道中華為什麼能夠屹立於世界幾千年不倒，為什麼能夠引領世界幾千年，而且把世界引領得越來越繁榮。

西方引領世界僅兩百年，工業革命以後到現在才兩百年時間，地球上的動物植物滅絕了多少，整個自然被破壞成什麼樣了？現在的地球千瘡百孔，戰亂不斷。雖然西方引領世界以先進、超前的科技為名，但是才不到兩百年，地球居然不適合人類居住了，還要向外太空去尋找家園，結果我們的地球要去流浪。不可思議啊，地球要去流浪！華夏文明站在世界之巔幾千年，人在地球上生活得好好的，

與動物、植物都和諧相處，風調雨順。西方工業革命開始到現在，雖然出現了那麼進步的科技，但也只是方便了人類現在的衣食住行，卻因此導致整個地球不適合人類居住了。

現代的核武器一旦爆發，能滅掉地球所有人一百次；所有國家現在都在研究生化武器，研究的時候都是沿著最烈、最毒的方向；基因武器發出去，得死多少人，一下把整個國家和民族全都滅了。研究的時候哪會考慮就消滅掉百分之一，留著百分之九十九，震懾你一下就行了，哪個國家會那麼想？都是要徹底消滅對方。生化武器、基因武器消滅的難道就只是別的人種嗎？會不會變異啊？基因武器一出來，病毒都是生命體，一旦研製出來你就控制不住了，它會不斷的變異、不斷的變異，有可能回頭就滅了研製它的民族，難道不是這樣嗎？

西方的科學引領世界不足兩百年，現在地球就變成了這個狀態。在這裡並不是要抨擊，不是對立，不是跟誰衝突。我們在講的是，不管西方怎麼樣，中華有中華的文化、文明以及信仰，我們必須本著上古之神當時傳給我們的一整套規矩來，不能丟棄。在這個基礎上，我們可以向西方去學他們的應用科學，這才叫「師夷長技以制夷」。我們

可不能因為師夷而把自己的根丟了。

從神話故事和起源說起，後面，我也會逐漸告訴大家，中華這套神授的文明、文化、信仰，從什麼時候開始丟的、怎麼丟的，為什麼現在丟得所剩無幾了？現在掌握這套體系的人鳳毛麟角，基本上沒有了。如果現階段這幾個人再沒了，中華民族整個神授的文明就沒有人掌握了，文明就此消亡，多可惜啊。

所以，本書此講目的很明確：我師父教給我這套體系，一代代傳承到我這裡，我不能因為危險、因為風險，就把整套所傳藏起來。

公開講這些肯定有風險，若是為安全，我私下教幾個徒弟就好。說是為了錢，但掌握這套智慧，掌握著我們祖先的文明寶藏，金鑰匙在手裡，怎麼可能缺錢？是不可能窮困潦倒的。我決定出來講授，公開出版發行，冒著很大的風險，那是因為，我答應了師父、承接了師命，要廣傳普傳，這也是我的使命。如果像我一樣的人都不出世，都害怕，躲在深山裡、廟裡，或者躲在家裡，和老婆孩子自己過著小日子，華夏文明怎麼傳遞！我如果是那樣的人，師父也不會傳我的。

大家如果學了，哪怕只學到一點，有所感悟了，也要

廣為傳播，因為這些有益於國家和民族，無損於社會和政府。文化、文明、信仰，是中華老祖宗的根脈，不違法不違禁。但是，為什麼現在大家對於傳授這套真智慧，卻會害怕，不敢傳播，好多人連聽都不敢聽？其中淵源會在後面的內容中慢慢講。後面會談到，中華神授文明、文化是如何沒落的，怎麼消亡的。歷經千年，這個歷史過程殺了多少人，就為了消滅我們的文明和信仰，到現在根還沒斷絕實在不容易，但是，也十分危殆，近乎根絕了。

上古文明時期，中華民族的文字突然出現，醫學突然出現，帝王學、管理學也是突然出現，而且全都是最高境界、最完整體系的。我們的道法、佛法也是如此，包括我們修道、修行的手段和方法，整個理論體系一出現就是處於最巔峰狀態。

同時，從上古開始直到現在，有這樣的規矩：這套規律中，一部分是普傳的，即普羅大眾都可以被傳授；一部分是密傳的，密傳部分不可以普傳，要通過法門、法脈一代代密傳下去。真正的修行方法，即從人怎樣蛻變、昇華成神的一套方法，那是密修、密傳，擇人而授。選對人，才能傳，不是誰都能羽化成仙，誰都能回歸上古之神的境界的。德行不夠、福報不夠的，教你方法也不行。誰不得

器而教，傳的人都會遭殃，這是定律，是規律。

但是上古的智慧中可以普傳、顯傳的部分，這些規律都可以公開傳授。這些內容也被書寫成文字，形成了我們現在的經典。因此，現在知道經典如何而來的了。所以孔子說「信而好古，述而不作」，即是在說：「一切都是從上古之神得來的，在我這兒什麼都不能變，我也希望整個社會體制、信仰、文明、文化等一切都不要變，這就叫克己復禮。」遵循上古之神給我們傳下來的神授文明、文化、信仰，不去改變，對這套神授體系，我們能理解就理解，不理解也不去改變，按規律用就好。

有同學問：「老師，我們不是說有能力的人、聰明的人創造歷史嗎？他們不是在進行各種社會改革嗎？不是經過社會改革、各種革命以後，我們的歷史才往前發展嗎？」可能絕大多數的中國人、所有外國人都這麼認為，但事實上，並不是那麼回事。先不說歷史發展跟我們完全不一樣的西方，縱觀中國的歷史，中華最怕的是什麼？最怕的就是出現能人、聰明人做了領袖。

在中國歷史上，如果哪個大能人、大聰明人做了領袖，基本上都會給民族帶來巨大的災難。這是為什麼？因為他們上位就想要改變，他們認為祖宗的這套東西腐朽，認為

祖宗考慮問題深度不夠，他們自認為很厲害，便創造一套新體系，讓大家試試看。然後就開始改變祖宗的這套禮法、這套體制，結果一變就出事，一變就出問題，社會動盪，民不聊生，兵鋒四起，天災不斷。

為什麼會這樣？因為他們把祖宗的智慧體系，這套禮法、這套體制、這套文明信仰的體系，改變了！這意味著他們把整個規律打破了。這一套體系我們就稱之為「天道」。聰明人信的是自己，不信天道。若是不信古人，其實就表示不信古人傳承的那套規律。現在我們知道，這套規律是上古高度發達文明的那批神，直接傳授給我們的天道，是從天而降的宇宙自然規律。非把這套規律打破，只因為覺得自己聰明，最後黎民百姓就因此而受難。

縱觀歷史，詳細一個一個看，我們最後就會發現，真正給黎民百姓帶來大災大難的，一定是聰明人。因為他不守禮法、不守古制，天天講究變革、講究革命。革誰的命啊？不就是革老祖宗的命嗎？最上面的老祖宗是誰？現在我們知道了，不僅僅是孔聖人，其實是上古之神，也就是天之道，革的是祂的命，革的是宇宙自然發展規律的命。能不受災嗎？天都不容你啊。

從小處看也真是如此，比如一個家庭，有些人太聰明

了，就總想改變、花樣百出的變……最後變離婚了。因為自己聰明，給孩子做規畫，給老婆做規畫；把老婆、孩子壓抑得了不得，孩子得按他的要求去做，老婆什麼也不是，就知道生孩子，也只能聽話；如果不照他的計畫來，就用各種方法整治……因此，家長都會希望女兒不要嫁特別聰明、特別精明的男人，省得一輩子折騰！都希望女兒嫁給敦厚、包容的男人。家庭都是這樣，那企業呢？老闆太聰明了，底下員工就會什麼也不是，天天講變革，企業會折騰成什麼樣啊？

從規律上來講，大智者若愚，大巧者若拙，大音者希聲，這些話都不是人能說出來的。這些規律，都是上古之神傳給我們的。

也有人說：「老師，你剛才說的這些話，都是老子在《道德經》裡面寫的話，是老子說的話。」其實錯了，那不是老子說的話。孔子說：「信而好古，述而不作，」那老子、周文王、鬼谷子、寫《黃帝內經》的人也都是如此。信而好古、述而不作，不僅僅是孔聖人做人、治學的原則，所有中華古時的聖人，都遵循相同的原則。因為他們知道自己的智慧從哪裡來，他們只是把上古之神教授的東西記錄下來。

所以，《道德經》不是老子原創的，不是老子大徹大悟了以後，把自己的那套領悟寫出來的。老子跟孔子一樣，就是一個人，一個普通人。不能把他本人神化，他本身不是上古的神，但是老子、孔子、韓非子、鬼谷子等等諸子百家，包括彙編《黃帝內經》、《神農本草經》的人，甚至編寫《易經》的周文王，都是秉承著「信而好古、述而不作」的原則，全都是上古之神教授人智慧體系，他們做了筆記，或者整理出那些筆記。

第三節

龍的傳人怎可自斷經學
不尊天道人心可致天災

　　而整理和搜集上述筆記的過程叫「采風」，去民間各個部落采風。《詩經》就這麼采來的，《尚書》、《禮記》也是如此，這就叫采風。《易經》、《道德經》、《黃帝內經》也是這樣採集來的。就連現在看來，在軍事戰略領域仍然是高深莫測，仍然是最高端理論體系的《孫子兵法》，也是在民間采風，把上古之神傳授給我們的這些智慧文明，挖掘出來，然後系統整理出來的。

　　為什麼在春秋戰國時期，突然出現諸子百家、各種經典呢？因為那時候，人對文字的運用已經成熟了，而且那個時候的人信而好古、述而不作，當時還存留著大量上古之神親手教授人類、記錄在甲骨上、文字裡傳給我們的規律。各個部落、氏族都有對上古之神的記載，然後這些聖人們不斷的在各地采風，尋找他們感興趣的內容，然後能把這些內容融會貫通，因為那時候的人還有神性在。

　　而現在的人，早就沒有神性了。現在只有修行人，修

仙、修神的人，其中還有人有一點神性。否則，芸芸眾生、普羅大眾，天天就是柴米油鹽醬醋茶，吃喝拉撒睡，在紅塵滾滾當中迷迷糊糊的過，有如行屍走肉。卻不知道你生在一個多麼偉大的民族當中，不知道你的祖先多麼的偉大；你的骨子裡、你的血脈裡流淌的是什麼樣的血液，是多麼高貴的、神性的血液。這樣神性的文明、神性的文化、神性的信仰，就在你的體內流淌著，但是這一生你都沒有激發過，沒有用過。也許你是未遇明師，也許遇到明師你也認不出來，就這樣擦肩而過，可能永遠再沒有機緣了。現代人天天只想著怎麼發財、怎麼幸福、怎麼健康，怎麼五福俱全。其實，真正的五福俱全在哪裡？真正的五福俱全就是要符合天道。

做一切事都要遵循天道。然而現在中華最違背的就是天道，最謾罵、最牴觸、最排斥的就是天道。我們把天道的規律當成糟粕，當成腐朽，當成落後。很多人懷疑，上古離現在上萬年了，上古的神人教我們的東西，現在還能用嗎？孔子時期復禮，是復周初和周以前的禮，那已經是兩千五百年、甚至三千年前了，那套禮規我們還能用嗎？現在西方已經如此發達了，我們再把上古的東西拿出來用，不鬧笑話嗎？

這麼問就是根本不理解！告訴大家，規律是不變的，上古之神傳給我們的天道是永恆不變的，人心人性是不變的。既然這些都不變，上古之神教給我們的道理，再過一萬年照樣能用，甚至是十萬年、百萬年以後，依然能用。如果不符合天道、天之規律，上古之神傳給我們的宇宙自然運行的規律，你就會敗亡，就會流浪地球。

規律性的智慧是亙古不變的！地球繞太陽轉，當然也會有變的那一天，因為任何運動都有「成住敗空」的規律，但是宇宙規律、天之道不會變。人心會變嗎？不變！天道不變、人心不變，上古之神傳給我們的這些規律不變。

可是，你知道神傳給我們、展示給我們的宇宙自然規律究竟是什麼嗎？你知道祂告訴我們的人心人性到底是什麼嗎？如果你不知道，又為什麼要摒棄呢？為什麼要覺得我們以前的東西，都是腐朽的、僵化的、給我們帶來失敗的，為什麼要這樣說呢？就因為不知道，所以說「無知者無畏」。罵孔子就是罵上古之神！

中華民族天天說我們是「龍的傳人」，龍是什麼？龍就是中華上古之神的代表。天天說著我是龍的傳人，卻天天罵著龍教我們的文明智慧。龍並不讓你崇拜祂，但是龍就是我們民族的上帝。我們都是從龍而來的，中華民族子

孫哪個敢不認我們是龍的傳人，除非你信基督教了。然而，教授我們宇宙自然規律的龍，從來沒說過要主宰我們，從來沒有讓我們拜祂，也從來不會說，「我讓你心想事成，你想要什麼，我就給你什麼，但你必須聽我的話。」只有西方的上帝會這樣說，上帝是唯一的神，不信上帝的，全都是異教徒。

中華的龍從來不會這樣。龍一直說：「你們不要拜我，左右你的命運的是你自己，這就是宇宙的規律，這是天道，最重要的天道。」龍並不是一條像動物似的龍，而是上古之神的代表。並且龍還說：「我教你們怎麼種地、怎麼識別草藥、怎麼吃熟的食物，教你們怎麼生活，教你們怎麼認識宇宙自然的規律。」這就是我們中華的龍，教我們人性是什麼，在這個人性下，應該怎麼去建立群居機制，用什麼方式符合天的運行規律，然後在地上建立社會。

然後龍神繼續告訴我們：不要雜交。原始社會，人都荒蠻，什麼都不懂，性趣來了，男的抱著女的就做，生了孩子也不知道是誰的，為此經常發生爭鬥。龍神就告訴人不要這樣，教給我們制訂婚喪嫁娶的制度。這些所有文明的規矩都是龍神授予我們的，但是祂制定這些不是為了讓我們崇拜祂，而是親自教授人類，怎麼去符合宇宙自然的

規律，怎麼去做事。就像咱們對待寵物狗，不讓牠吃生肉而是要吃狗糧，當人開始教狗怎麼做狗糧時，狗就開始進化。

現在的動物還都在吃生肉，人其實也是從動物來的。人最早的時候跟動物有何區別？動物是四條腿在地上爬行、奔跑，人以前也是四條腿，之後才以兩條腿站起來，直立行走了。為什麼呢？看看所有的神，哪有四條腿趴在地上的？不管是人面獸身還是獸面人身，全是站著的，這就是進化的標誌。原始的人類是荒蠻的，四條腿跑。神說：不要四條腿跑，兩條腿站起來，這樣手就解放了，你就可以使用工具了，一旦會用工具，就開始進化了，可以使用弓箭了，可以使用火了，就能一點一點學會神的文明。

我們是按照神的樣子變化而來，所以我們現在還有尾椎骨，還有動物的標誌，但是人全都直立行走了。包括那三大文明古國的人也都是這樣。那為何神只馴化人，而不馴化別的動物？因為人最聰明，只有人才有能力接受神的教化。

其他動物再教化也不可能的，沒那智商。人每次可以接受神授內容的一小部分，然後一點一點的學習。比如神告訴我們一定要吃熟食，首先燧人氏教我們生火，伏羲教

我們做熟食。伏羲也叫庖犧氏，是廚師的祖師，他教我們打到的獵物別直接就吃，放在火裡烤熟了再吃。先學會了用火，然後吃熟食熟肉，這對人的大腦進化非常重要。我們現在如果還吃生肉，大腦根本進化不了。熟肉裡大量變性鬆解的蛋白質對大腦的發育非常好，人類智力大開後，一點一點才能聽明白神授予我們的知識。

之後還有各種農業知識。打獵是逐水草而居，靠天吃飯，有一頓沒一頓，今天獵到大動物可以吃三天，之後可能半個月獵不著，就餓死了。神教人類群居，然後教我們怎麼種地，就出現了神農氏。當人生病了，神又教我們，種植哪些植物可以防範各種疾病。後世有人把這一套智慧采風記錄下來。這些植物如何治病，每一種植物是什麼藥性、治哪方面的病的智慧，都是符合五行的。

五行就是神傳的系統，整體的陰陽、三才、四象、五行、六合、七星、八卦、九宮、十方，全是神授的規律體系。這套體系不是人編的，是神直接授予我們的，宇宙自然就是這個規律，我們學和用就行了。親手教授我們的神，就是以龍為代表的上古之神。中華是龍的傳人，而龍傳下來的文明智慧我們又不認，天天想革新、革命，甚至要把孔聖人推倒、打倒。

中華民族學習經典，已經學了幾千年，神傳給我們、龍傳給我們的整套體系，全在經典當中。漢武帝的時候開始推崇經學，學聖人的經典，中華民族上上根的人，最有知識、有文化，最有能力、最聰明、最有智慧、有福報的人，都從小學經典，學龍傳給我們的整套體系。直到1912年，我們不學經典了，1912年發生了什麼？

　　1905年，清朝廢除了科舉制度，當時改革派盛行，戊戌變法、五四運動、新民主主義運動，都是改革派所推動。他們說，因為我們天天學孔夫子的經典，才這麼落後挨打，才沒有船堅炮利，所以我們不要經典了，向西方學！1905年清朝廢除科舉，直接導致了1911年的辛亥革命，把清王朝推翻。

　　1912年，蔡元培就任當時民國的教育部長，他上任做的第一件事就是廢除經學。當時仍有很多的學校、私塾教經學，他頒布政令，廢除所有經學，廢除尊孔讀經。從漢武帝一直到現在，元滅我中華、滅我漢族的時候，都不能廢經學，滿族來了都不能廢經學，漢族人卻自己把經學廢了！告訴各位，廢除經學、推翻孔子，不是共產黨執政以後的事，是1912年蔡元培開始的！

　　從此之後，中國教育就全都向西方教育學了，學習數

學、語文、英語、化學、物理等自然科學，不允許學經學，也不允許教了，誰敢教、誰敢學就違法判刑。把孔子像全都推倒，經學再也無人問津之後，好像中國從此走上一條革新變法之路，就能超越西方了，怎麼可能！

從那個時候開始，中華就把祖宗這套智慧體系給消滅了。我們現在知道，經學就是上古的神給我們講的天道，可是現在我們沒有經學了。從那以後，炎黃子孫就沒有方向、沒有目標了，迷茫了，沒有道德、信仰、文化、文明了。經學一斷，就斷我華夏血脈了。

我們對人應該包容。但是，蔡元培廢經學，雖有可能是好心辦壞事，發的心可能是好，就是因為不懂這些智慧體系辦了壞事，而且貽害無窮。現代的中國人，問他四書五經是什麼？儒學十三經是什麼？百分之九十九的都說不出來了。《韓非子》裡面寫什麼？《鬼谷子》裡面寫什麼？《道德經》裡面寫什麼？這些更不用問了。現代中國人只知道有《易經》，還只是因為算卦、預測才知道的！

經學一斷，中華的血脈就斷了，那可比長江、黃河截流，遺害中華更甚。幾千年來中華經學從未斷過，現在卻發展成不敢讀經。整整一百年，中華無經可讀，甚至不允許讀經了。如此能不落後、挨打嗎！為何從禮儀之邦退化

成現在的野蠻之人啦？全世界都說，你們沒有信仰。沒有信仰就是沒有底線，全世界都戳著我們的後脊樑。

我們現在語言多貧瘠，一般人就認識五百個字。然而，平時能熟練使用五百個字，都已經很不錯了。不學經學了，祖先的智慧，上古之神在我們的血脈中、基因裡種下的那些智慧，傳給我們的那些文明體系，就無法通過經學來點化、啟動。不知道經學是什麼，血脈就斷了，整個文化和文明的基因、信仰的基因就斷了，還說什麼龍的傳人？只傳個形象嗎？上古的宇宙正神直接傳給我們的是靈魂，包括整套的落地方法體系，有理論、有實踐，是全面的。我們作為炎黃子孫，只需要照做就行了，反而不要所謂的聰明人變革，創立新世界、創立新社會，一切都重來。

重新創造，只有神才能這麼說。作為一個人，你的眼界能有多高遠？怎麼重新創造？所以，孔子一再告訴我們：克己，再聰明也要克制自己；復禮，古制不可變。

我們只可以維新，不可以革命。維新是不去改變根的東西，為了適應當下，表面上做改變。就像幾千年的古建築，整個結構、材料都非常好，不能拆掉後用現在的材料再建一個。而是一定要把古建築的根本留好，但是十年翻新一次，把破爛的地方換一下，髒的地方刷一層漆，就又

像新的一樣，這叫維新。要記住，只維新不變革，守好祖先留給我們的整套智慧體系，這叫天道。

做事要符合天之道、地之規。地之規，就是現實中物理世界的定理定律，我們也要遵循。比如說現實中的萬有引力定律、時間定律、物質運行的定律，這些就是地之規，我們也要守好。然後中通人事，人心人性我們也明白。如此，我們上遵天道，下守地規，中和人事，人心就安了。人心一安，家就安了；家安了，公司企業就安了，社會就安了；人人心安，國家就安了。國泰民安，就沒有天災、瘟疫、地震了。

天災、瘟疫、地震，都是人心所致。人心亂了、人心惡毒，才會出現瘟疫，因為人人心裡發出去都是惡的資訊、怨的資訊、毒的資訊。何為傳染病？一批人聚集在一起，都不祥和，形成了共鳴、共業，傳染病就來了。為什麼傳染病會傳染你呢？為什麼有的人在傳染病來之前就離開瘟疫之地，到了祥和之地呢？為什麼有的人想走卻走不了呢？為什麼有的人在傳染病來之前，飛回到傳染地，被封城離不開？這些就是緣，看你跟什麼有緣。

當人與人之間內心的衝突太劇烈，自然就會形成大的地質災害，大地震就來了，兩個大陸板塊就相撞了。為何

會相撞？從天人合一的道來講，人心衝突巨大，在自然界就會形成這種碰撞。這都是理，都是上古龍神告訴我們、教給我們的至理。

第四節
上古諸神共救華夏文明
絕天地通從此人類時代

之前說到上古四大文明古國，只有華夏文明、神傳智慧留下來了。為什麼西方那三個文明古國消失了？是因為自然災害，一場大洪水。先是大陸板塊碰撞的大地震，然後引發了一場大洪水。這一場大洪水，就是地球從半神人統治過度到人類統治的契機。不只在中國的歷史上，很多文明的史書中，也都記載著這場天崩地裂後的大洪水。

西方《聖經》、寓言裡，西方的考古資料裡，各個民族、氏族都記載著，史前有一場天崩地裂後的大洪水。其中最著名的傳說就是《聖經》裡記載，上帝為了懲罰人類，降下了一場大洪水。上帝在引發大洪水之前，讓諾亞做了一艘方舟，把他的子孫、家人和地球上的植物動物帶到方舟裡，躲過了大洪水。還有一些氏族部落記載，天崩地裂之後，大洪水毀滅了一切，人重新繁衍生息，重新開始。這場大洪水帶來了地球上人類時代的開始。

這場大洪水在中華古籍的記載，前面曾經提過。三皇

五帝的五帝之一、黃帝的孫子顓頊，在中華歷史中，他的地位僅次於黃帝。他在位的時候，另一位半神人，水神共工不服顓頊，要和顓頊爭奪帝位，結果沒打過顓頊。被擊敗後，共工向西邊逃到不周山腳下，發現過不去。不周山是擎天之柱，支撐著地和天，共工跨越不了。逃跑之路被阻擋的共工，憤怒的拚命衝撞不周山，把不周山攔腰撞斷了，這下天崩地裂、天塌地陷。

擎天之柱不周山倒了以後，天空一下傾塌下來。本來北斗星、北極星等主要的星星，都在我們頭頂，不周山斷了以後，天上星星就束縛不住了，全向大西北飛去。所以現在，我們的北極星在最北邊，北斗星等主要的星星全分布在西北方，天傾西北，西北象徵天在高處，星星都奔向那邊；而地陷東南，東南方向一下就陷下去了，全是大平原、低窪地，所有的河流向東流入大海。而西面、北面是青藏高原、黃土高坡、昆侖山脈、喀什米爾高原，都是大高原。所以說「天傾西北，地陷東南」。

共工這一撞引發了強烈的大地震，天塌地陷也帶來了大洪水自天而降，大雨不停的下了許多天。這場劫難來了，上古之神開始集體救難，各顯神通。女媧煉五色石補天，為什麼五色石能補天，這裡面是有深意的。雨雖停了，但

大地全是洪水，平原地區的所有的人類和半神人，全都被淹沒了，大洪水毀滅了一切。接下來又有幾代神，開始治理洪水，「大禹治水」就是其中的典型。大禹之前的幾代神，治水都不成功，因為用的都是堵塞的方式；而大禹治水是用疏通的方式，疏導江河，把水引向大海，這樣才解了中華民族的劫難。

這個劫難過去之後，神統治的、上古高度發達的文明就被毀滅了。這場大洪水是世界性的，西方最有名的，就是沉沒的亞特蘭蒂斯（Atlantis）；中華上古的時候也沒逃開。

然而這一場大洪水，把西方三大文明古國全都滅掉了，剩下的只是遺跡，還有少量人口，重新一點點繁衍生息，才形成了現在的西方。而我中華，由於上古之神拚搏拯救、各展神通，運用大自然的規律抗擊洪水，才把東方的天很快補上。也就是說，東方最早停止了大範圍的降雨，沒有形成完全的毀滅，只是把平原沖毀，但有很多山都沒有被淹沒。

根據古籍記載，後經治水，就保證了在山上保留住一批文明的遺跡，有神性的半神人和人得以倖存下來。當時一共保留了八座山，包括昆侖山、福山、崇山等八座山。

中華當時神授的這套文明體系，包括我們的文字、語言、醫學、兵法、陰陽學、《易經》等等，在這八座山上都有所保留，沒有被全部毀滅。這八座山的半神人和人，後來也帶著上古遺留下來的經典，下山繁衍生息。比如福山下來的叫福山氏，崇山下來的叫崇山氏，昆侖山下下來的叫昆侖氏。所以，大洪水過後，中華的文明沒有斷絕。由這八山氏形成了百家姓，也就是百姓民眾，以及現在的中華民族。

後來，周文王派人四處采風，就在民間搜集由八山氏流傳下來，上古之神傳給我們的經典遺跡。周文王收集的這些上古遺跡，也就是上古的大洪水災難後，神留存給我們的筆記和書，集合形成了圖書館。老子就是管理這個圖書館的，他的職業就相當於是周朝的圖書館館長，天天泡在圖書館裡讀這些上古遺跡。孔子怎麼得到《尚書》、《禮記》，怎麼得到周朝之前的經典文章，怎麼得到《易經》的？其實，他都是從老子那兒得到的。

大洪水之後，顓頊還做了一件非常重要的事。顓頊祖上黃帝在位的時候，也出現過一個叛神叫做蚩尤，蚩尤不願擁戴黃帝，跟黃帝大戰一場，結果黎民百姓傷亡慘重。再加上後來又有共工與顓頊大戰，引發大洪水。顓頊認

為，神和人不能再混在一起，因此他派兩員大將，一位名「黎」，一位名「重」，把人和神從此分開。

因此，顓頊在任期內有兩件大事，第一件是共工撞倒不周山，引發大洪水；第二件就是「絕天地通」，把天地分開，神不可以再到人間，人也通不了天、上不了天了。從此以後，就進入了人類的時代。

顓頊在位時絕天地通，即隔絕天地，往後人類見不到神仙了，神也不下凡了。因此神離開之前，就留下了一套與神溝通的方法，和一批能與神溝通的人，這批人就叫巫。要與神溝通，只有通過巫，普通人不可能再見到神了。之後，神也留下一套修行方法，真正想昇華的人按照這套方法修行，就可以昇華到神的境界，能見到神，能得到神的授意、得到神的指導，就能成為神。這套修行方法，就是中華的修行體系，十分難能可貴。

這樣就很清楚的瞭解，中華的文明之所以能留下來，就是女媧補天之後，大洪水被治理，八座山沒有被淹沒，整個修行的體系都保留在這八座山上。之前曾提到過，神仙為什麼都在山上？為什麼我們要找神仙求道，沒有說下海求道的，沒有說到鬧市求道的，都是上山求道？正是這個原因。現在理解淵源了，山上留下來的，才是上古時候

真正的神授文明智慧，地上平原的全都被毀滅了。

而西方比中華更慘。本來西方的神就不教授他們智慧，也沒留下什麼筆記，大洪水之後更是只剩點遺跡了，西方的神只剩石像了，最後形成了「一神論」。而中華民族學的是神授的、規律性的文明智慧，都是神授的規律。這部分內容對中華的文明、信仰、文化來講，至關重要。這些若是理解不了、根本不通的話，後面就沒法繼續學了。

神話故事講了這麼多，文字和文字起源現在讀者們都明白了吧。中華這一整套的文明體系如何流傳下來的？為什麼四大文明古國只剩華夏文明留存到現在？西方三大文明古國怎麼消亡的？大洪水淹沒、沖毀了一切，而中華的上古之神們共同施救，克制了大洪水，然後疏導，華夏文明才得以流傳下來了。我們難道不應該珍惜嗎？我們真的要珍惜我們的語言，珍惜我們的文字，珍惜我們的醫學、帝王學、兵法、陰陽學、鬼谷子，珍惜我們的法家、道家、墨家，我們的諸子百家，不容易啊！

能聽懂或者能認同的讀者，現在對我們的國學和傳統文化應該有興趣了。講了源起之後，再往下講經典，你就會更願意聽，因為這直接涉及到上古之神、中華之龍，都傳授了我們什麼。

第四章

神授文明文字體系
華夏上古已成熟

第一節

中華——
世界僅存的上古神授文明

前面提過四大文明古國在上古高度發達文明期間的經歷，第三章第一節也談到華夏文明和其他三個古文明的區別。從上古的文明開始，以歷史階段畫分，上古階段是半神階段、人神混居階段。一場大洪水後，地球人神混居狀態就改變了，半神人離開了地球，變成了人的時代。

每一個部落、每一個民族其實都有這樣的傳說。在此所講的這些故事，聽起來感覺不可思議，有點像科幻小說，其實都是真實的歷史記載。而歷史，可不是一本書、兩本書的典籍能記載全面的，諸多不同的史料裡都會有相關的記載。在此要告訴大家，所有的歷史記錄及神話傳說，都不是歷史的直接還原。且不說還原距今幾萬年前上古時期的真實面貌有多困難，我們現在親身經歷的事想要還原都不是那麼容易，想知道真相也不那麼容易。

你認為的真相都只是你主觀認為的，事情的真相也不見得是你看到的。不要說上萬年，就比如幾十年前現實所

發生過的事，事後去採訪那些一起參與的當事人，就會有很多種不同說法，如何判斷什麼是真、什麼是假？甚至對一個事件的評價，誰對誰錯，誰怎麼想的，就可能有幾百上千種說法。所以，對待歷史神話傳說，都不能太具象，不能去鑽牛角尖。

說了這麼多上古神話，都是有意義的，我們要知道文化的起源和脈絡。我們所講的「龍」，也許不一定如我們想像；伏羲、女媧也不一定是我們認為的樣子，也許比我們認為的更不可思議。其實，人類的想像力非常貧乏，沒見過的是想像不出來的。不要以為我們現在已經很文明、很發達了，上古時期高度發達的文明社會，我們根本難以想像那是一種什麼樣的文明。所以我只能把那個時候的統治者，那時候掌握智慧的「人」，稱之為「神」。

「神」不單單是指能通天徹地，有各種能力。我們如今想象祂們所擁有的能力，也只是在人類能想像出來的範圍之內。但祂們實際的能力也許比想像得更加厲害，真正掌握著宇宙的自然規律。我們現在可以送儀器上火星，天文望遠鏡能看很遠，自己認為已經了不得了，但那都是跟自己比。上古的文明、科技發達到什麼程度，那時對宇宙的認知發達到什麼程度，都是我們沒法想像的。

現在人類是地球上最高級的動物。比如人養的寵物狗，牠只能用狗的思維角度去看人，不管狗想像人有多麼厲害、人怎麼看待問題，牠也永遠不可能領悟到人的思維角度。而說到上古之神，我們怎麼誇大祂們、怎麼想像祂們其實都不為過，甚至怎麼誇大也許都不及祂們真正能力的千分之一、萬分之一，就相當於現在的寵物狗在想像人的能力。這就是上古文明！

　　最難能可貴的，就是在四大文明古國之中的中華上古時期，以龍、伏羲、女媧、神農氏、燧人氏等等為代表的中華上古之神，曾經把祂們所掌握的宇宙自然規律，用很漫長的時間、有系統的傳授給我們中土眾生，這是華夏文明上古之神對我們最大的恩德所在。祂們不僅沒有讓我們去拜祂們，還告訴我們不要崇拜任何神，宇宙中沒有任何一個神能左右我們的命運。祂們告訴我們天道規律，掌握規律就能掌握神通，做事符合天道規律，做什麼都會成功、都會順利；不符合天道，做什麼事都會失敗。這就是中華上古之神，與古埃及、古巴比倫、古印度的神不一樣。

　　我們要感激華夏的上古之神，感激龍神、伏羲、女媧、顓頊、堯舜禹，三皇五帝這些上古之神。祂們給我們留下了全方位的、系統的規律智慧。

一場大洪水，摧毀了一大半地球文明。只有在未被洪水淹沒的東方八座高山上，聚集了上古之神和一些倖存的人，八座高山上保留下來的上古文明智慧體系，就此流傳了下來。這就是華夏文明、中華文化的起源——倖存的上古文明。

　　同時期，大洪水把古巴比倫、古埃及和古印度的上古文明毀滅了，還包括傳說中的亞特蘭蒂斯，都是那個時期毀滅的。這些地方存活下來的人，開始了他們在地球上的新生，但他們沒有保留上古文明的那套宇宙自然規律，因為他們的神只教他們崇拜，並沒有傳授給他們智慧。

　　因此，在跟我學習國學之前，我們必須先把源頭理清楚，源頭就是根，知其來處才知道後面怎麼學。否則，會把我們的文明文化分門別類，會認為各自獨立，教育學是教育學、玄學是玄學、儒學是儒學，法家是法家、兵家是兵家，會認為是不同的人中聖人發明創造的。如果這樣認為，就沒法繼續學了。因此必須要知道，華夏文明這套看似分門別類的體系，其實都是出自同一個根，那就是上古文明。基本的理論、宗旨、規律都是一樣的，都以陰陽為基礎，按規律衍生三才、四象、五行、六合、七星、八卦、九宮、十方。兵家不離這個，醫學不離這個，農業不離這

個，琴棋書畫茶等等任何學問都離不開這個。正如解開紛亂纏繞的漁網，抓住網頭一抖即開；只要找到、認同這個根了，綱舉目張，後面一步一步就好學了。

這裡我們從史學切入。龍、伏羲、女媧都是存在的，大洪水之前，有一個上古高度文明的社會組織結構，華夏文明是上古之神傳授給我們的成熟體系，是某一時刻從天上掉落人間的智慧。如果對這樣的大前題不能認同，後面的內容，你將會看不懂。之後我講的所有文字、經典、醫學、兵法、鬼谷子、陰陽學、玄學、法家、墨家、儒學十三經等內容，都是從這個根上來的。根都不認，或者從一半開始學習，根本學不明白；真正想學，必須從起始一步一步學下去，後面才會越學越有意思。後面還會再教怎麼應用，無論文字和經典都不是僅僅講道理，中華祖先的智慧都是學以致用的，不是空談的哲學思想。

三皇五帝第一帝是黃帝，黃帝的孫子顓頊，由於其成就，被稱為第二帝。顓頊任內大戰共工，共工怒撞不周山，導致發生大洪水，之後女媧補天、大禹治水。理解這些不可太具象，也許有人覺得疑惑，是顓頊傳位給堯舜禹，禹在舜之後，怎麼會在顓頊時代治水呢？告訴各位，上古時候人神共居，當時的時間空間概念跟我們現在人類時代的

不一樣，歷史人物和年代聽起來會感覺很混亂。後面逐步再講為什麼如此，現在只要先明白我們不能用人的思維去想上古的事，時間空間完全不一樣，不是同一個概念。那個時代的歷史典籍記載，與我們認識世界的方式不一樣，所以古經典裡就存在這個問題：看似挺亂，其實不亂。

我們習慣用西方的邏輯思維思考，邏輯思維是線性的、連貫不間斷的，邏輯思維是人類時代典型的特性。人類時代的時間、空間、品質和速度概念等都是物理規律，物理規律在華夏文明體系中也叫「地之規」；物理規則裡，時間的走向是不間斷的向前延續，不可倒回。其實這些都是某種假相，因為在「地之規」上還有「天之道」，天之道的時間空間概念與規則，和地之規完全不一樣。人居於天地的中間，上看天，下踏地。

上古時候，我們看著天，神都在，並教授中華民族天之道。大洪水後，天傾西北、地陷東南，中華處於中央之地，地勢地貌受到影響。天象變化，北極星、北斗星等一些重要的星宿都在天空西北部；所有江河向東流入大海，海即是地陷之處。而後，女媧、大禹等上古之神共同努力，挽救蒼生，把天補上、把大洪水治住，留下八座高山沒被淹沒。中華倖存下來的先祖和殘存的典籍就保留在山上。

後來，八座山上的八路神仙把這些典籍傳了下去，這些掌握上古智慧的人，也就是後來的各個道門、門派、法脈的源頭。

後面有機會，再詳細講述八座神山。國學也得幽默風趣，我的講述隨心所欲，但不離經典；內容、風格獨此一家，但史書都可解讀；現代人看不懂，因為必須有師承傳授。八座神山的故事也很有意思，例如姜太公從古昆侖山下來，他的師父元始天尊如何而來？其實正是大洪水後留下的上古菁英，我們稱之為神，開了八大法脈。華夏文明即是如此流傳下來，八大神山的古籍流傳下山，普傳於世、廣傳中原。很多都散落於民間，比如《詩經》、《黃帝內經》等內容，都是上古之神教授人類的文明智慧、宇宙規律，及人體結構。

《黃帝內經》講的就是人和宇宙怎麼對應，是什麼關係，如何互動？以及為什麼人的身體會有病？其實《黃帝內經》記載，上古神人明確告訴我們：人的身體是不會得病的。人的身體看似脆弱，容易受傷，甚至容易死亡；其實不然，我們的身體是金剛不壞之身，有些部分看似脆弱，其實完全是按比例、按照最佳功能狀態組合起來的。比如皮膚看似好像很嫩、很柔軟，但正是因此活動起來才特別

靈活，如果像鋼鐵一樣結實，動起來就僵硬不靈活。鱷魚皮厚，但行動僵硬，沒有敏感的神經，無法感知宇宙、感受大自然和溫度。而人能特別敏銳的感受大自然，同時皮膚又能很好的保護我們，耐熱性、延伸性都很好，還能抵抗紫外線等輻射，所以是金剛不壞之身。

《黃帝內經》是神授經典，其中清楚講述，人的身體金剛不壞，又怎麼會得病呢？我們的病從哪來的？新冠肺炎疫情怎麼來的？西醫都認為是身外的細菌、病毒感染攻擊了肺，但中醫不會這麼認為，不是外界的病菌侵襲到體內，破壞我們的肺的。《黃帝內經》清楚透徹的講授疾病的起源，也包括疫病怎麼來的，怎麼防禦。其實不是防禦外面的疫病，不讓病菌感染我，其實我們每天接觸的空氣中有各種病菌，比新冠肺炎病毒厲害的也有很多，為什麼沒有被感染，不會損害你的身體呢？其實，根本不是外來病菌攻擊你，我們本是金剛不壞之身，而只有自己才能攻擊自己。

這就涉及到人到底是怎麼回事，以及人和宇宙自然的關係。病毒和細菌也是宇宙的一部分，有人之時就有它們。不能把細菌當成敵人，認為細菌侵害你，所以稱之為細菌，其實它就是正常的生命體。我們和它們一直生活在一起，

已經幾萬、幾億年了，之前為什麼不曾變異呢？不會侵害大片人群呢？我們本來和宇宙的動物、植物、各種生物是共生的，互不侵犯。什麼情況下會敵對？是我們內心中有敵對、衝突的時候，外面就有相應來的敵對衝突，本來與你和平相處的動物、植物、細菌，由於你的心變化了，它們的狀態也跟著你的心變化了。

有人說，「老師你講的太玄了！」告訴各位，我所講授的內容都很玄，但只是把《黃帝內經》一句句解釋出來，這都是《黃帝內經》裡記載的，只是現在沒有人能真正看懂《黃帝內經》了。現代的中醫很少人是從《黃帝內經》起修的，都是學古時名醫，如張仲景、孫思邈等溫熱、傷寒各派怎麼治病、怎麼開方，按照古人的方子，模仿古人如何對症。這些古代名醫都有其行醫之道，而這些道理都是從《黃帝內經》中來的，但現代的人看不懂，所以，現在中醫模仿成功古方，卻時靈時不靈。

在此沒有貶低中醫的意思，我們華夏中醫博大精深。而是在說，我們有真正高水準、高境界的中醫，上古文明傳下來的醫。作為普通人難以解讀，所以必須得有師父。最早的師父如何掌握規律的，法脈是從哪兒來的？就是從八座神山下來的上古神人，他們傳承了八大法脈。八大法

脈到了中原，繁衍生息，開創了各個支脈，其實全都是同根同源。但現在基本沒留存什麼了，非常可悲。

作為現代人，即使買來《黃帝內經》你也看不懂。何為「理色脈而通神明」？「祝由術」是《黃帝內經》裡最高級的醫術，上古高度文明就是用祝由術治病。「移精變氣，可祝由而已」，是何意義？如果沒遇到我的師父，我也看不懂，這些必須有師傳，一脈相承。中華所有法脈都是從倖存的八座神山下來的。我們東方智慧、華夏文明就是這麼來的，從天而降，一時落地即成體系，直接揭示宇宙自然規律。

第二節

中華文字上古已成體系完善適應社會

　　中華民族有信仰嗎？拜神嗎？答案是：中華有信仰，但並不是拜神。中華信仰拜什麼呢？有一句上古所傳之言：「人法地，地法天，天法道，道法自然。」法即歸依、跟隨學習，拜是崇拜、崇敬。即是說，人跟地學，地跟天學，天跟道學，道跟自然規律學。道是自然規律的呈現，天是道的呈現，地是天的投射，人就要學地之規，天之道，其實大道之理最高的就是自然。

　　有人說：這句話不是《道德經》裡的嗎？前面講過，《道德經》是老子編寫出來的彙集本，和《黃帝內經》一樣。「中華三玄」三部經典《易經》、《黃帝內經》、《山海經》，再加上《道德經》，這些經典都是上古傳下來文明體系的記錄。「人法地，地法天，天法道，道法自然。」這句話就是上古傳下來的。那時候從八大神山上傳下來，洪水沒毀掉的書籍遍布民間，一些志士到民間采風，夏商周都在做民間采風這一件事，將中華大地倖存下來的甲骨集中起來，在八大神山的神人指引下，再分門別類學習、

領悟上古的智慧體系，身為周朝的圖書館館長，老子也是其中一個。

《道德經》就是老子把上古傳下來的智慧彙編成冊，相當於老子記錄的筆記。現在無人持此觀點，所以有機會要好好講一講《道德經》看看究竟是否如此？《黃帝內經》、《易經》、《山海經》都是彙編本，都是上古傳下來的。那個時代離上古文明很近，當時的人都知道曾經有神存在，沒有人敢創造。現代的人妄自尊大，因為距離神的時代太遠，不知曾經有神，就什麼都敢說、敢創造。而那個時代，沒有人敢說，尤其是聖人，都是信而好古，述而不作，都只是記錄解讀。

而中華文字也是上古高度文明傳下來的，有什麼根據？十五萬片甲骨文就是根據。中華文字在上古時候突然大爆發，瞬間達到了最高境界，形成了一個完全成熟的體系，而且這套中華的文字體系無比神奇。同樣，中華的醫學也是瞬間達到頂峰，前無積累後無超越；《孫子兵法》的戰略思想也是瞬間達到最高峰，現在無法超越；我們對宇宙自然規律的掌握，《易經》一瞬間也到了最超前、最高峰的理論體系階段，現在也無法超越。這就是中華的智慧，我們老祖宗的智慧。

然而，從秦朝開始有一味藥叫龍骨，磨成粉末後使用。秦至今兩千多年了，龍骨這味藥磨成粉，兩千年來吃了多少片甲骨！每一片甲骨上又有多少文字！從發現甲骨文到現在一百多年的時間，發掘出的十五萬片甲骨上有約五千個文字，而秦朝至今，被吃掉的甲骨肯定有一、兩百萬片，上面有多少文字啊！

近代所發現的甲骨文，不重複的單體字有五千個左右，但現在只能解讀出 1056 個，還有四千個字不認識、解讀不了。再看甲骨文的用詞，學者說是占卜用語、卜辭，但其實不然，甲骨上記錄的什麼都有，只是我們還解讀不出來而已。中華民族從商朝到現在，已經經過四千年了，怎麼連字都解讀不出來啊？所以，我們其實不是進化，而是退化。也就是說，當我們認為有歷史記載的時候，文字已經大爆發，上古之人能熟練運用的文字大概有一萬字，甚至遠遠超過一萬字。

熟練運用一萬字是什麼概念？比如，中國基礎教育的標準是能認識一千五百字，大學畢業、研究生、博士畢業認識的字基本不超過三千字。但是現在中國人整體認字水準在節節下降，基本上已經不超過兩千字。如果是文學工作者，比如中國近代文學家郭沫若，研究一輩子文學，他

自己說能認識四千字，而且只是認識而非熟練掌握。那中國人能認識他的一半，兩千字嗎？可以試驗看一看《千字文》，裡面都是最基本的漢字，也不一定都認識。而《千字文》以外，對我們來說基本就是生僻字，《千字文》能都認明白已經很難得了。

現代人的文學、文藝、哲學、思想都太貧乏了，因為我們能掌握的文字太貧乏。唐朝時候的農民，耕地累了坐在地頭休息，一句感慨：「鋤禾日當午，汗滴禾下土。誰知盤中飧，粒粒皆辛苦。」詩句就能信手拈來，對面老伴兒緊接著和一首詩。而現代人只會說：「唉呀！累死了！」除了白話還是白話。

中華文字語言在夏、商的時候就非常成熟，能熟練運用一萬字，對於當時的人是非常普通的事。而現在的中華子孫卻絕大多數都不認識了，我們現在就是不斷的退化。就像我們的大腦一樣，生出來的時候，腦細胞已經是最大容量。我們的腦細胞不是隨著長大學習而越長越多，甚至有可能與生命週期相反，出生時腦細胞容量已是最大，之後能應用多少，是根據腦神經連接、觀察事物、學習程度、成熟運用的越多而開發越多，人一輩子能用到 5% 就不錯了，不用的腦細胞就一點點的退化了。

現在有一種趨勢，英語是國際語言，大家都用。那是因為英語好嗎？我們來比較一下。有人說漢字難學，學了也沒有用；如果漢字好，就應該是國際語言。然而，英語之所以是國際語言的原因，不是因為英語比漢語好，而是因為英美強大，語言、文化、文明、信仰也是跟著槍桿子走的。誰強大，就得學誰的語言。1931 年九一八事變後，日本人占領東北，拿槍逼著東北人學日語，學會了給日本人當翻譯官，學得好的還可以當官，以方便日本人的統治溝通。後來，蘇聯把日本人打出東北，東北人又都開始學俄語。不都是一樣的嗎？

英國是大不列顛日不落帝國，船堅炮利，當年把全世界都占領了，英國殖民的地方都學英語。印度、菲律賓、馬來西亞、泰國都說英語。中國人覺得自己不會英語，只會漢語，就不時尚了，覺得好像文盲一樣。確實，語言是實力的象徵，現在英國雖然落沒了，但美國強大了，大家又開始學美式英語。這是靠武力、實力說話，而不是語言本身有優勢。

從語言本身來講，真正適合社會發展、真正有優勢、最好學、最易懂、最好掌握、最好溝通，甚至通神的語言是什麼語言？就是我們的漢語。有人認為方塊字學起來難，

但是當你真的瞭解了漢語的好處，你就不會覺得英語更好了。學英語其實就是不得已，因為出國要能溝通。

前面比較過東西方文明的源起，都源自於上古高度發達的文明古國。但後來的差距在哪裡？為什麼東西方的發展如此不同？我們就跟英語做比較，看看漢語好在哪兒。

首先說成熟的年代。東方語言直接源自上古高度文明，這套神授的語言文字是象形文字；古巴比倫楔形文字是象形文字，刻在泥板上；古埃及聖書也是象形文字，刻在宮殿石壁上；古印度考古發現最早是印章文字，也是象形文字。四大文明古國同是上古高度發達的文明社會，大家統一都是用象形文字。而且諸如代表太陽、鳥、水、山的象形文字，四大文明古國都差不多。我們現在使用的漢字，就是從古象形文字一點點演化而來的。

上古神人那麼高度發達的文明社會，都使用象形文字系統，一定有它的道理和意義所在。一場大洪水後，三大文明古國的遺跡，包括文字語言，都消失了。古印度、古埃及、古巴比倫的文字已不再有人使用，現在只能用來考古研究了。後來到了西元十三世紀，印度才有了自己的現代梵文，也叫印地語，它是由人類重新編寫創造的文字，並不是象形文字。

後來的西方文字也不是神授文字了，都是各個部族、種族、民族，相互融合與不斷戰爭的更替過程中，創造、積累、完善，一點點形成了拉丁文，進一步成為後來的英語。英語書寫是什麼時候開始的？到了西元十三世紀，英語才形成最早的文章。包括英語的官方文字，距離現在也才六百多年。

而中華文字呢？不提更久遠的甲骨文，僅說用漢字寫出來的經典《周易》，周朝初年由周文王彙集成冊，距離現在也三千多年了。而從象形文字到甲骨文，經過夏、商、周，逐漸發展演變的金、篆、隸、楷等形式，一點點演化形成現在的漢字。其實，在甲骨文之前還有象形文字，這一路演化從沒斷過。用甲骨文寫出來的文章距現在何止幾千年，據考古，用更早的象形文字寫出來的古蹟文章已經接近一萬年了！

從文字比較東西方的文化，沒有一種文字是比漢字更完善、更成體系的！我們老祖宗的文字，從上古最發達的文明社會一直流傳至今，這才是最難能可貴的！就算不說它好不好，中華文字的流傳將近一萬年沒斷過，其實何止一萬年，證明它經受得住歷史考驗，而經受不住歷史考驗的就要被淘汰。

中華的十六字心傳真言：「人心惟危，道心惟微；惟精惟一，允執厥中。」據記載出現於五千多年前的堯舜禹時期。當時能有這些話，證明那時早就已經有非常成熟的語言文字體系了。英語才幾百年？能經受住歷史的考驗嗎？其他三大文明古國的文字早已消失，而中華文字已歷經一萬年還在使用，是真正能經受住歷史考驗的文字體系！

從文字資訊來講，英語是拉丁語系，26個字母的拼音文字，即線性文字，點到點，是一維的；漢語是方塊字，一個字就是一個方塊，方塊字是立體的，多角度的。有人說方塊字不好寫，英語的點與線好寫、好學，所以漢語不如英語先進。那只是看表面，中華文字傳遞的資訊非常多，得往深處想，才能瞭解為什麼四大文明古國全都用象形文字，而不用符號、字母、拼音文字，這一定是有道理的。神創的一定比人創的完善，神勘透天道自然的規律而形成的文字，一定比人憑空想出來、積累出來的要強大得多。

比較瞭解之後，相信讀者就會對中華漢字象形文字特別感興趣了。隨著中華的復興與崛起，中華的語言文字是必然的發展趨勢，將來必是流行於世界的語言。世界往前發展，語言和文字必須與時俱進，一定得有一整套適合宇

宙和人類世界發展的語言文字推行，那時不僅僅是靠實力了，到時候英語必被淘汰。為什麼？再往前發展一百年，學英語的人會徹底崩潰，原因跟英語的文字系統有關係。26個英文字母，單詞是不同的字母排列組合組成，一個單詞多音一意，也就是好幾個字母合成一個意思，比如「LOVE」四個字母組成一個意思，這叫多音一意。而漢字解釋這個意思就一個「愛」字，是單音多意。

多音一意會有什麼問題？英文針對每個事物，都有一個單獨的詞。比如，豬是 pig，肉是 meat，豬肉是 pork，豬肉這個單詞與「豬」和「肉」兩個單詞沒有任何關係，一隻豬身上，完全無關的單詞，還遠不止這些。豬頭、豬尾巴、豬腿、豬心、豬肺、豬耳朵、豬毛、豬腳、豬鼻子、豬嘴，得有多少個單詞？只是一頭豬就背不完，這就是英文。又比如電腦，它的英文單詞是 computer，漢語就叫電腦，即計算的機器。只要有新東西，英文就要造一個新字。那抽象的概念怎麼表達，正方形、長方形、三角形的英文單詞，能表達出它抽象的含意嗎？人創出來的文字本身就有缺陷，人得有多麼聰明的腦子才能創造一套成熟的文字體系啊。

考古學家發掘，古埃及的傳說裡有這樣一句話：「這

一套文字體系，是神傳給我們的，只有神能看懂」。而中華自豪的就是，我們的文字就是神授的，而我們也能夠看懂。文字是經典的基礎，經典是由文字組成的，而文化的啟蒙和傳承都依靠經典。因此，我們學國學，必須把文字先學好。英語體系在六、七百年前，單詞並不多，到了十六世紀莎士比亞時期，英語語言體系才開始成熟，到達了巔峰，那時英語體系一共只有三萬個單詞，莎士比亞不僅都能運用，而且應用得很好，但是以後每出現新事物，英文就要造一個新字。

一開始的時候沒什麼問題，三萬、五萬個單詞可以背、可以記，後面不斷發展，到了二戰時期，英文一點點的累積起來，大概就有三十萬個單詞了。二戰時期，邱吉爾是語言能力特別強的人，史料記載，邱吉爾個人能掌握的單詞量也有三萬左右，和莎士比亞差不多，但當時的英文單詞量，已經是莎士比亞時期的十倍了。工業革命以後，各個領域新鮮事物大爆發，牛津辭典年年翻新，現在英語牛津大辭典裡，單詞已經接近百萬個。現代知識大爆炸，各方面各領域的新事物層出不窮。人的記憶力能記多少呢？

文學家莎士比亞只用三萬單詞就能寫出知名著作；現在雖有一百萬個單詞了，但即使母語是英語的英國人，又

能背多少？認識多少英文單詞才叫有知識、有文化呢？有人口語很好，但溝通只是日常用語。想看懂英文報紙、紀錄片需要熟練掌握二萬個單詞；而掌握三萬個單詞才能看懂英語期刊、雜誌；想成為有一定知識水準的人，得掌握八萬個單詞。各位想一想，是否很驚人？

英語還有一個問題，就是各專業不相通。即使熟知八萬個單詞，但如果我是學醫的，要看工程學的書也還是看不明白，必須重新學習工程學的術語；我是學醫學的，英文的法律條文就看不明白；工程學的和醫學的對話，你看看能不能相互聽懂？不可能！英語各領域分得很細，專業單詞全都不同！所以在國外有種現象：專家特別多，各領域都有，而且夸夸其談，感覺特別厲害，因為專業術語說出來你根本聽不懂。但是只要跨出他的專業領域，專家就不行了。

將漢字與英文來比較，越比就越瞭解，也對中華這套神授的文字溝通體系更加自豪。人所創造出來的一定會有問題，從英語看就知道是不是這個道理？隨著世界往前發展，新生事物幾何級數的爆發成長，2003 年的非典型肺炎疫情，出現一個新字「SARS」，新冠肺炎疫情又命名一個新字「nCoV」。現在知識大爆炸，英語專家也只好每天不

停編新詞。

　　有人問，為什麼英文不能組合成詞呢？比如豬是「pig」，肉是「meat」，豬肉組合成「pigmeat」不行嗎？不可能！這就是字母文字的特點，不能直接羅列組合，因為詞太長、音太多。豬肉還簡單一點，如果電腦這個英文單字也用相同的方法羅列組合：計算讀「calculate」，機器讀「machine」，羅列起來成為「calculatemachine」，這個字太長了，沒法用。但是讀音如果要少，就必須得犧牲排列，不能多字組合，得單獨創新字「computer」。覺得英語最先進的人，你們想過這些問題嗎？背兩萬個單詞還算是文盲，往後隨著新事物增加，牛津大辭典也會幾何成長，再過二十年，英文單詞也許會接近兩百萬個！等再過一百年，牛津大辭典得有多厚啊，完全突破了人腦的記憶量！

　　說了拉丁文字的缺陷，也有人總說漢字難學。但是，漢字真的難學嗎？現今中國所用基礎的漢字有兩千個，基本上中國大學生就認識兩千到三千字，可是，漢字是單音多意，一個字有多種含意。只用兩千個字，中華民族就能做到隨時讀三千年前的經典，還能讀懂其中的意思。而英文做不到，真正用英語寫文章才六百年的時間，況且現代人讀莎士比亞的作品，也不是人人都能讀懂、能理解。英

語語意不穩定，因為這套語言不是一套成熟的語言體系，而是人不斷累積來的。是凱爾特人、羅馬人、維京人、盎格魯‧撒克遜人等等各族各部落，長期不斷融合交織，在大不列顛一點點累積所形成的語言。它由單一、幼稚到複雜，慢慢出現體系，現在看似成熟，但還是在不斷發展過程中。只要回顧幾百年前的中世紀英文，就可以知道語法和用詞已經都不一樣了。

而漢語一直是一整套非常完善、完美無瑕的語言體系，直接就能運用，只是能運用的程度不同而已，是非常穩定的語言體系，甚至三千年前的《易經》我都能看。現在只要是炎黃子孫，具備一定的知識水準，認識兩千個字，就能讀三千年前的經典，這只有中華民族能做到，其他任何民族都不能。

比較漢語和英語，從經典的角度看，不說英語有沒有經典，二千五百年前英語就沒有一整套語言體系，其文明無法靠文字所寫成的經典傳承下來。文明靠什麼傳承？靠文字和經典傳承。而文字和經典是相輔相成的，因為沒有經典，所以沒有文字；因為沒有文字，所以沒有經典。本來上古文明體系都有象形文字，但經過大洪水後就被淹沒了，西方的神並不去救世，只用諾亞方舟救了幾個人，任

其文明消毀，所以文明就沒有留下來。大洪水後，西方只剩下野蠻人，重新在黑暗中摸索著發展。他們既沒有孔子，也沒有上古文明基礎留下來。所以，即使孔子生在西方也沒用，沒有素材，還是黑暗。

而中華的上古之神，拚命拯救東方天下眾生，止住了大洪水，留下了上古文明基礎。而且我中華有孔子，把上古流傳下來的文明體系總結、完善、落地，所以孔子偉大。至此，東西方文明不必再比，從這裡開始就已是天壤之別。

關於文字的內容，才剛剛開始，接下來我們會談到，漢語言文字多麼偉大。當我把中華漢文字的奧秘露出一點來，你就會知道，這才是世界上最好學、最易學、最容易掌握的文字體系，能夠應對世界向前發展，不管知識如何大爆炸都遊刃有餘，不需要新創造一兩百萬個字，來為難我們的大腦記那麼多東西。下一章繼續講文字的神奇，溝通系統、語言結構多麼偉大，我們學國學要從哪裡學起。

第五章

中華文字蘊含修行大智慧

第一節

文字是文明奠基石
千字支撐千載文明

前面三章都是藉著文字，在講華夏文明的起源。華夏不僅僅是文字起源於上古高度發達的文明，所有華夏文明的一切的知識、一切的智慧，都起源於曾經的上古文明。我們只是藉著文字，詳細的展開和說明，因為下一步要講經典，經典離不開文字，把文字講透，那麼研究經典的時候就有基礎了。

文字在智慧體系中，相當於文明的奠基石，相當於最基本的材料，比如磚、石；而文字所寫成的經典，則相當於文明的框架。就好像華夏文明體系是一座高大雄偉的建築，由無數的磚、石等基礎材料，加上框架設計，建設形成了整體的文明建築。所以，講國學和講傳統文化，要先把基礎材料講清、講透。我們對文字有了深刻的理解，下一步對經典才會有更深的理解。

在第四章，我們講清楚了文字的起源，也對比了西方的拉丁字母文字怎麼來的，中華的漢字又從何而來。接著，

我們要進一步對比一下，中華方塊漢字和西方字母文字的各自優劣之處。漢語是神授的語言和文字，而西方語言是各個民族不同的語言互相融合、累積而成。兩種語言其實各有優劣，然而，說中華文字好，得出天下第一的結論，是要有依據和道理的。

西方字母文字的特點是多音單意，中華漢字的特點是單音多意。這有什麼不同呢？單音多意的漢字，只要學會了最少、最基本的字之後，進行不同的排列組合，即可給萬事萬物定名。在《說文解字》裡的漢字將近一萬個，而現今中國書面常用的漢字大概有三千字左右，能熟練運用就很了不得了。實際上用不了那麼多。有獨立意義的單體字，相當於字根功能的字，大概一千二百個左右，也就是我們最常用的字，基本上也就是《千字文》中所出現的字。《千字文》中的字都認識了，基本上看各領域的論文、文獻，報紙、雜誌，包括古代的典籍，問題就都不大了。

中國人的語言文字還有這樣一個特色，當學了基本的漢字以後，不但現代的報章雜誌可以讀，經典古籍基本上也能讀，而且跨領域的資料也一樣能讀懂。比如我是醫學博士，若要看工程學的著作、論文，八九不離十都能看得懂。英語的問題在於，單詞和詞彙是完全創新出來的，詞

與詞之間的聯繫很少。不像漢語以字為語言的基石，所有詞都是不同排列組合的字所形成的，且每個字單音多意。有的詞彙是兩個字組合，二音就有很多意思了；三個字的組合，代表的含意就更多了。

另外，漢字從聲母、韻母的發音上講，能發出的音比英語以及其他語言都多很多。所以，漢語特別豐富，操作起來非常簡單，運作起來能適應社會的發展，即使是知識大爆炸的現代，用這一千五百到兩千字，就完全可以應對了。

從日常語言的溝通交流來講，五百到八百個字已經夠我們用了。如果要看文獻，要做科學研究，掌握一千五百到兩千字的含意，基本上所有的文獻、論文，讀起來都沒有障礙。因為，所有的論文，哪怕是術語，全都是由最基本單字的不同排列組合構成的。

比如，前面舉過的例子「電腦」。電腦是近代發明的新事物，它的功能特性有點像我們大腦的運行規則，給它下個指令，就能幫我們做事，而且它必須得用電力驅動。明白之後，這個新事物就命名為「電腦」，不同於人腦，「腦」即有一定的智慧，但要用「電」驅動，兩個單字形成一個新詞彙。但是「電」和「腦」兩個字，我們不用重

新學。

　　就這一千二百個最基本的字根，我們只需要進行不同的排列組合，有兩個字的排列，有三個字的排列，有四個字的排列……無窮無盡。也就是說不管知識如何爆炸，出現再多的新事物，不需要再去多學基礎的字，只要對字根進行不同的排列組合，就能給任何新生事物命名，這就是漢字的特點。

　　現代社會是知識爆炸型的社會，英語要應對各個領域大量的新生事物，必須發明新的單詞，然而，新的單詞跟以前的單詞並沒有太多的聯繫。就以「豬」為例，用漢字描述不同的豬，公豬、母豬、小豬，只要把基礎字根排列組合，在一千二百個基本字根以內就能做到，豬的一家也就都出現了。而英語裡，豬是「Pig」，公豬是「Boar」，母豬「Sow」，小豬是「Piglets」，豬一家三口，卻有四個單詞。

　　在漢語裡，無論何種豬、何種部位，都不需要新字；而英語呢：豬肉是 pork，乳豬是 porkling，豬蹄是 trotters，豬圈是 pigsty，豬油是 lard，豬鬃是 bristle，豬皮是 hogskin……這豬太不容易了！其實不是豬不容易，學英語的人太不容易了！

英語入門很簡單，由 26 個字母排列組合而成，但越往後越難，單詞越多、問題越多。如果想用英語建一座高塔，每一塊磚石都得自己去重新創造，每一個新事物都得起一個新的名字、新的單詞，無法組合使用。

對漢語來說，只要看著豬，先教一個「豬」字，然後一指豬的蹄子就學會了「豬蹄」，一指豬的皮就學會了「豬皮」，孩子三歲就學會了。但是英語得一個一個單詞教。哪種語言學起來真正容易，顯而易見。

當然，學漢語入門門檻高一點，起步稍微難一點，你得先掌握字的結構。但是，幾年之內能學會五百個漢字，基本上孩子看書就已經沒問題了。再往後學到一、二千個漢字的時候，看各種文獻、報紙就都沒有問題了，包括專業論文都可以看了。學漢字，其實只要把基礎的字根學清楚，磚石清楚了、會用了，要建一座高塔，不管這個塔多高，我用這一千二百種磚石都能建起來。

中華漢字這一千二百個字根字，只要不同的排列組合，可以排列出多少詞，能表達多少意思！我們的老祖宗太聰明了。只要學會最基本的五百到一千二百個方塊字，要想記憶的話，根本不需要很長時間，對孩子來講很容易。只要把這些學好，後面就非常輕鬆，可以讀兩千五百年前

的經典，甚至是四千年前的經典。

　　使用拉丁文字的歐美人則不然。兩千五百年前的《聖經》，裡面的文字，現代人已經很難看懂了。就算是一千五百年前的歐洲古文獻，如果不是研究語言學，普通的知識分子肯定看不懂。而兩千年前，並沒有現代的英語、法語、德語寫出的文獻。歐洲兩千年前的文字，現在只有考古學家、語言學家才能看懂，還不一定是看懂，而是猜出來的意思，不一定是古文獻本意。

　　就像現在我們解讀甲骨文一樣，也需要研究、推敲。但其實甲骨文還好一些，畢竟都是象形文字，中華一步一步從甲骨文，到金文篆字隸書，然後到楷書，一直到現在的正體字（繁體字），再到簡體字，是一脈相承下來的。儘管如此，甲骨文中好多文字我們還破譯不了，更何況是歐洲的字母文字都是新創，能說歐洲的文字體系穩定嗎？

　　在此不是全盤否定歐美文字，而是東西方的文化要相互比較著發展。

　　為何允許西方人一直說東方不好？一說到東方的缺點，我們就都接受，接受我們就是腐朽、就是落後；而一說到西方不好，就有人迴護西方文化，甚至說「不能有分別心，你是修禪的啊。」然而我想回答，就得有分別心。

大家一定要知道，東方有東方的智慧，高度發達，有東方的好，西方也有西方的好；但是同時，東方也有東方的劣勢，西方也有西方的劣勢。不管是優是劣，我們都會講，都會有個比較，請大家自己取捨。

不能因為現在西方強大了，船堅炮利，所以它就毫無缺點，一切就都好。中華老祖宗的文化不能丟，有好東西就得講透，然後讓大家自己去取捨。最好要做到，不是因為東方的好，我們就全盤接受和應用，全盤否定西方；而是知道東方好在哪裡，然後取其精髓，同時也知道西方好在哪裡，一樣取其精髓，把東西方的精髓結合起來，這才是我們的目的。

現在，我要把東方的優勢講透，同時把西方對應的劣勢也講透，矯枉還需過正。有人曾說：「老師，你就是個激憤的民族主義者，像個民族憤青似的。」雖然我並不是一個民族主義者，然而我絕對是憤青，是中華文化的老憤青。只要說到中華文化就滔滔不絕，就容易激動，覺得咱們老祖宗太偉大了。

因為我研究傳統文化，師父傳授給我的時候，我就已經知道老祖宗智慧博大精深的程度，並不是一般人的意識能想像得到。研究了三十多年，我越來越發現老祖宗的偉

大。

但是，中華的發展沒有做到與時俱進，中華的文化出現了偏差，出現了轉捩點。轉捩點之後，中華雖然又維持了近千年的繁榮，但是已經種下了被動挨打的禍根。所以，在此要講清楚，我們為什麼有漢唐的鼎盛，為什麼有宋明的繁榮，然後我們的文化轉捩點在哪裡？為什麼現在中華不如西方？為什麼中華民族自己拋棄了自己的文化？這些都是有深意的。

僅僅談中華文字，如果要細講分支，講十本書都是有可能的，因為這是老祖宗智慧真正的精髓。必須瞭解中華文字是怎麼回事、漢字好在哪裡、源頭脈絡如何。否則就算天天捧著《六祖壇經》讀，天天抱著儒學經典讀，也解讀不了，難有收穫。文字是基礎，所以我們用這麼多篇幅講文字。東方文字的優點多不勝數，而西方文字的優點就只有一個，確實有優點，隨後會講。

第二節

一字道明我是誰
何為修行尋找真我

　　學習東方的文字，起步難，難在哪兒？方塊字筆畫多，看似比學ａｂｃｄ字母要難，但其實不然。漢字從筆畫開始，有部首偏旁，然後有字根詞根，把這些學好以後，其他新的字和詞都只需要整合，不需要記憶大量的單體字。

　　比如「吾」字，古人說「吾」就是「我」的意思，而古人不用我字。「吾」字上面是個「五」，下面是個「口」。這樣是不是很容易學？「五」和「口」都學過，老師一教就認識了。像這樣，基本的字根學好以後，不同的排列組合就是我們全部的漢字了。一千二百個單獨的字就是字根、詞根，每一個字都有多種意思。

　　漢字是象形文字，透過一個「吾」字，能知道怎麼界定我這個人。何為人？狹義來講，皮膚以內的是我，皮膚以外的不是我。我不是一個死物，我是用皮膚以內的身體來感知世界、感知宇宙的。怎麼感知宇宙呢？有五個對外的口：眼睛看世界、耳朵聽世界、鼻子聞氣味、舌頭嘗味道、

身體有觸覺，皮膚可以感觸，亦即「眼耳鼻舌身」，這叫五識。我們就是通過這五個對外的「口」，用五識來感知整個世界的。

通過五識接收到外界資訊，進入中樞神經，再由第六識就是意識，來做判斷。判斷什麼？我並不是把看到的、聽到的、嘗到的、聞到的、觸碰到的所有資訊全部接收進來，而是只接收我想要的、想看的、想聽的、想聞的、想嘗的、想碰觸的那一部分資訊。先是有限的接收，然後再做判斷，我看到的是什麼、聽到的是什麼、聞到了什麼、嘗到了什麼、碰到了什麼，做判斷的這個就叫意識。意識把判斷發到中樞神經，再做決策，如此人就開始活動。

比方說，突然看見一股黑煙從遠處飄過來，判斷：「不好，SARS 來了，趕快跑。」看見黑煙所出現的判斷，覺得黑色顆粒狀的東西與我們知道的病毒有點相像，訊息馬上就相連了，我的視覺、聽覺、嗅覺、感受，這些資訊全都到了大腦，意識馬上做判斷，這和我知道的 SARS 病毒有點像，我在書上看過，大腦中樞神經馬上做出決策：「跑，遠離它。」這就是一個人與宇宙自然互動的過程。「吾」這一個漢字裡蘊含著多少豐富的內容啊。不但說明這是一個人，也說明了人的軀體功能就是接收宇宙資訊的。

有人納悶：「我的軀體難道就只是接收宇宙資訊的嗎？我都是為了它在努力工作呀。」大家別搞錯了，身體是我們的工具，我們不是為了工具而活。從修行上來講，神人、仙人、祖先的大智慧都告訴我們：軀體是假的，是我們的工具。我們千萬不能把真我變成軀體的奴隸。現在天下眾生，那些迷人天天都是為了軀體這個工具活著。為了工具的味覺更好一點，去吃鮮美濃郁的山珍海味；為了新奇刺激的生理感受，去找美女、找帥哥，甚至不擇手段。這些都屬於「五欲」，許多人都被五欲所控制著。

五欲，即財、色、名、食、睡。感覺有了財，就什麼都能享受，可以坐高級轎車，感受觸覺真舒服啊；色，也屬於身體的享受；名，往臺上一站，大家都鼓掌高喊偉大！四方皆有名，不管走到哪裡，都有人逢迎拍馬，聽了就心花怒放；食和睡，這是基本的欲望。所以，財、色、名、食、睡，大家每天就為了這五欲，為了多賺點錢、為了追求美女、為了享受……殫精竭慮、廢寢忘食，不停的折騰。

若是這樣，你就不理解這個「吾」字，也就是古語的「我」真正的意義。古人告訴我們，「我」僅僅是感知世界的一扇窗，僅僅是接收宇宙自然資訊的工具而已。修行，不能把身體的感受放在第一位。如果一切都是為了它感受

好，將沉迷於滾滾紅塵之中，永遠不會清醒，永遠都在山下深谷平原裡，大洪水一來還會把你沖走，永遠都登不上那八座神山。

正如之前提過，大洪水以後，只有中華大地還有五千公尺以上的八個山頭沒被淹沒，八座高山上的神人，包括一批原始人類存活下來。然而，歐洲幾乎沒有五千公尺的高山，大洪水將整個歐洲大地全部淹沒，沖入大西洋，亞特蘭蒂斯也消失了。

我們修行是指什麼？就是指，大洪水後，八座神山上走下來的半神人及原始人，帶著上古高度文明所遺留，大量的、系統的筆記資料，下山救度眾生。山下倖存的人，因為大洪水而離神遠了，最早的氏族部落被大洪水沖散之後，又開始了原始人的生活。洪水退去，神人們下山重新教化眾生，形成八大部落。史書有明確記載，八大部落統一了上古時期眾多的小部落，形成有組織、有根的部落形態；後來，大禹為了治水，把八大部落的所有人召集到一起，把天下畫分成了九州，九州各派負責人共同治水。

之所以畫分九州，因為符合上古天道。按照上古天道規律，天有九宮、地有九州、人有九竅。九州畫分，合於地規，是現實中的編制管理。中華稱為神州大地，即是說

華夏文明源自於上古之神，傳承了上古高度發達的半神人智慧，中原眾生繼承了這套神授文明，沒有變過；同時，中華所在的地理位置相對封閉，又孕育了神的文明，所以叫神州大地，畫分為九州。上通天，下應地，中通人。天地人三才，必是一一對應，才會風調雨順、國泰民安。

上應天道，下合地規，「人法地、地法天、天法道、道法自然」，一層層向上學習。人法地，人要學宇宙自然規律；地法天，地就是現實，對應天道規律。

大禹是八大氏族共推的領袖，也相當於大氏族的首領，他所管理的疆域規模，比中國現在國土面積還要大，現在人根本想像不到，那時的疆域向東、向南都到大海，西到喀什米爾高原，北到接近北極的極寒之地。我們不要以現在人的境界看待上古時期的神人，也難以理解上古神人如何統治。

大禹整合了八大神山下來的八大姓氏，形成一個以他為領袖的大部落，帶領大家分工治水，教大家天之道、地之規，以及人事。他按照天規的天之九宮，設了地之九州，人身體的九竅則與天地對應，而夏由此而建立。

天有九宮，地有九州，人有九竅，天地人相通，這樣設置才會國泰民安，氣候也就會和順。上古時期的部落、

國家建立都符合天道，天道即包括星象，北極星、北斗星等星象運轉符合大自然規律。

自然是道的基礎，道是天的基礎，天是地的基礎，地是人的基礎。國家該根據什麼來畫分區域？不是根據歷史沿襲。即使沿襲，也要知道根據哪段歷史沿襲。歷史有上古、中古、近古，如果要根據歷史去沿襲，一定要是沿襲夏商周的三聖時代。

真正要學，就要學夏商周時期，神制的體制。地形地勢的畫分，各種官階、以及人如何分工，全都根據上古高度發達的文明來設置的，所以叫三聖時代。周以後，從秦開始，進入人治階段，一點點遠離了神的體系，到現在基本上已徹底遠離，非常可悲。

「神州大地，九州同春」，都是大禹那時候出現的。管理國家如何符合星象？國家行政區域如何畫分？後來各朝各代很多是根據前朝的歷史沿襲，但根本不瞭解前朝為何如此設置和畫分。比如清朝，已經把上古祖制之沿襲都改了，不通天道，僅憑感覺和人情關係來畫分。但區域畫分即為「地」，而地法天，天法道，道即陰陽，衍生出三才、四象、五行、六合、七星、八卦、九宮；而道法自然，道又是根據宇宙自然的運行，總結其規律並運用。國家建

立後必是畫分九州，才能符合天道。可以有三十二個省，但是也得符合九州的定制，比如在領袖心中，某兩省為一州或者三省、四省為一州。不管是什麼朝代，都必須按這個規則來。

大禹治水的過程中，教大家天之道、地之規，以及人事應該怎麼做，夏由此而建立，夏商周三聖時代都是用天道治理國家。我們現在是根據憲法治理國家，而夏商周也有憲法，那時候的憲法就是《易》。三聖時代，都是用《易》管理國家，即「三易」：夏之《連山易》，商之《歸藏易》，周之《周易》。

夏用《連山易》，夏的成立就是八座山下來的神人引領眾生，山山相連，所以叫《連山易》。夏之立法就是根據《連山易》，以此來治理國家、管理民眾，帶領大家治水，並以治水為契機把大家團結起來，若無此契機，大禹也無法做全天下的領袖。否則八大山頭各自爭鋒，誰也不服。而在大禹德行的感召和能力的領導下，帶領八大部落共同立夏。其實，大禹就是遺留下來的半神人，他帶著留下來的神和倖存的一部分人，以德領導天下，制定了一套國家管理、用人、祭祀、分工制度。而且，夏的國界比我們現在的國家大多了。

夏後面是商，商是《歸藏易》。到周的時候，周是用《周易》。

上古文明所傳的整套文明都在《易》裡，但是現代人看不懂，字面解釋都不通。而且《連山易》和《歸藏易》已失傳，僅剩《周易》還流傳於世。《易》是華夏神授文明的根，所有定理定律全在《易》裡，像中醫理論、兵法理論、戰略理論，教育、農業、陰陽、玄學、奇門遁甲，都是從《易》衍生出來的，《易》是根本。我們治理國家，調理身體、家庭、人的關係，任何東西都要從《易》中去找，但是現在沒人能看懂。很多人從字面去解讀《易》，並不正確，神性智慧怎能從字面解釋？

古人所用每個字的意義都很重大，講了這麼多，都是從一個「吾」字而來。從我的身體是五識，講到身體只是一個感知宇宙資訊的工具，因此，我們不能把注意力放在怎麼讓工具舒服上。我們為什麼要修行？修行就是要瞭解身體是「假我」，必須找到「真我」。為什麼學國學？國學就是修行的一部分。

有人說：「我生出來就要肉體舒服，要肉體享受，走的時候五福俱全就滿足了！」但那不該是人生的目的。如果那是目的，從生到死，人都只是工具的奴隸。就像買了

一輛喜歡的豪華名車，天天就為了它而活，天天擦十遍，還捨不得開出門，如此我就是車的奴隸，只是在為車服務。事實上，再好的車也是為我們服務的，人的身體就像一輛車，本來真我是運用它，到達想去的目的地，是真我想到哪兒，車就開到哪兒，這才是我們真正的修行目的。

第三節

圓滿回歸上古神時代
象形文字神性開心智

修行的目的到底是什麼？其實就是要找到「回家的路」，這是生而為人的人生意義。或許你想問，我們是從哪兒來的，要回哪兒去？前面一直在講，我們就是從上古高度發達文明那時候來的。而修行的原因就是，那個時候有神，我們現在是人，人最羨慕的就是神，各方面向神學習。其實，說到修行，都知道追求圓滿，卻並不知道什麼叫圓滿、為什麼要圓滿？實際上，我們就是想再回歸上古之神那個時代，而且上古之神其實還在，我們還想要和上古之神在一起，成為他們之中的一分子，這就叫昇華。

就像我們養隻小狗，不斷的教小狗各種規律，小狗羨慕我們，覺得做人真好，希望脫離狗身，昇華成人，就跟我們嚮往昇華一樣。不要覺得一說神、仙、佛就是高高在上、虛無飄渺，神通廣大的。如果是這樣，誰也不可能成仙成佛。想成佛，首先得知道何為佛。講到這裡可以明白，上古時代，人和神、仙、佛都是生活在一起的，後來經歷了各種歷史緣故，人神才分開了。

五帝之一的顓頊在任時曾經「絕天地通」。派大將「黎」和「重」，守住通天之路和下地之路，不讓凡人上天，亦不讓神仙下界，這樣天地隔絕，人神從此分開。只留下一些沒有回歸上天的，像黃帝、堯舜禹這些領袖，這些半神人還留在下界救度眾生，但大部分神都走了。到了夏朝，前幾任帝王，都還是有大神通的半神人，後面不斷和人通婚繁衍，越來越變成人了，慢慢就沒有神性了。

　　到周朝時，周文王仍還保有神性，《封神演義》中姜太公、申公豹等人物也都有神性。你以為《封神演義》都是假的嗎？其實《封神演義》中全都是修行的內容，把上古發生的事，人的時代如何而來，為什麼要封神，在其歷史故事裡都有交待，其中就帶著真實的歷史事件。

　　人神不斷通婚，基因就變了，人的繁衍能力很強，而神太少了，慢慢的他們都變成凡人了，也就都忘了自己是哪兒來的了。帝王神統都是有血脈的，所以才稱之為「真龍天子」。而且中華帝王必須依血脈而定，不是喊一句「王侯將相寧有種乎」，就誰都能做王侯將相的。不是只要努力就能做帝王，非帝王血脈想做帝王，無異於自尋死路，根本承受不了！但這部分屬於密傳內容，就不在這裡細述了。尤其在中華神性國度，所有的智慧都是由神授予；真

正的真龍天子、統治人民的君王，怎能不是神的血脈！這裡並不是推廣種族論，只是現代人都沒接觸過，也就不懂了，很難理解這些智慧規律。現今教育的影響，看起來好像草根都能當國王，中國人更是從小就受到這種教育，提倡無產階級革命，推翻統治階級。

其實，中華民族一直希望領袖擁有神的血統，受著神龍護佑，本身帶著強大的力量。比如大漢的開國皇帝劉邦，表面看起來窮困潦倒，其實天上的帝星一直跟著他走，就是因為他有龍族血脈。即使我們不懂、不講究，但歷史還是會按著規律走。不僅僅是中華有神授文明、有神性護佑，西方也是如此。大洪水過後，西方其他的神都遠離了，最後就剩上帝還在護佑著他們。不能說上帝是假的，《舊約》中描述亞布拉罕見到上帝的場景，一團光下來，上帝從光裡走出來，特別高大，似人非人，那不就是半神人嗎。

我們華夏留下了很多經典，但西方只留下《聖經》、《古蘭經》這一兩本經典，西方的神對人說的話、西方的智慧都在這一兩本經典裡。提醒大家，我們不能知道了東方的智慧，就貶低西方，東西方之間可以比較，但不能貶低，不能有分別，西方有西方的強項，中華有中華的強項。

炎黃子孫其實不用特地去學，因為《易經》、《黃

帝內經》、《山海經》、《道德經》這些經典就在我們的DNA 密碼裡，我們的血脈裡就帶著這些智慧，每個人都有，不需要學，只需要明師點化。明師一點化，我們很簡單就能重新掌握這些智慧，而且馬上就會用。所以關鍵是能不能遇到明師、有沒有緣能跟隨明師，接受明師的點化。所謂兵法、鬼谷謀略、陰陽玄學，都在我們血脈骨子裡保有，只要被點化，就能擁有和應用這一整套陰陽、三才、四象、五行、八卦的規律。但說起來容易，用起來並不容易。在歷史上，真正被點化，能完整發揮其力量和功能的人，夏商周三聖時代比比皆是，漢唐時也還為數不少，但唐以後基本就沒有了。這些內容，有待未來我們慢慢講述。

但是，如果是個歐美人士在這裡，我就點化不了他。他漢語學得再好，我也點化不了，因為他骨子裡就跟咱們不一樣。只要是中華漢族的血統，或是大中華五十六個民族的血統，機緣之下一點化就能打開天眼。修行講求肉眼、天眼、慧眼、法眼、佛眼這五眼，只要想學這些經典、掌握傳統文化，開天眼是必須的前提基礎。

開天眼不是對應表法的異相。的確，修行到一定境界，奇人必有異相，一定在五官上有徵兆，這是「表法」。有的是耳大垂肩，有的是眉毛，有的是頭頂肉髻，修行到一

定境界，五官必有奇特現象，這要符合佛的三十二相之一，是有規律的。修行人有沒有境界，從臉上就能看出來，有的人長的口歪眼斜自稱得道正師，其實一眼就能看出來是不是正師、明師。

而天眼並不是指額頭有個眼睛，或是面前打開一個螢幕，刺激什麼松果體，像投影儀似的看見什麼神奇的事物，不是那麼回事！其實開天眼很簡單，正所謂大道至簡。真正的明師，天眼一點就通，因為你本身就有。如果哪個師父說天眼是練出來的，而且特別難練，他肯定不是明師，自己就不懂什麼叫天眼，更不可能給弟子開天眼。

中華血脈本即來自於半神人，天地隔絕以後，我們到了滾滾紅塵中，被五欲六塵所遮蔽，忘了自己是從哪裡來的，忘了神性的智慧，也不去追了。雖然，內心中、骨子裡嚮往神仙聖佛，但是遙不可及……於是，這一生就這麼碌碌無為、平平庸庸、渾渾噩噩的過去了，等閉眼那天，回顧自己對社會做了什麼貢獻？只是坐吃山空，天天為了感官刺激，浪費了多少資源。生了兩個孩子，算是對地球繁衍做了點貢獻，如果孩子有成就也行，如果沒有那還不一定是貢獻。如此閉上眼，這一輩子就白做了一回人。

在這裡給大家講開心智，何為開心智？人人都有方

向，有方向以後做事就有目標，人生才有意義。有了目標方向，哪怕人生才向前走一步，閉眼都會欣慰，至少是往前走了一步。多少人一生都在墮落，為了五欲六塵、生理刺激而活。所以，聖人在經典裡呼籲，我們是神的後代，最後要歸向宇宙高度發達文明的群體，要向著神佛的方向努力，再繼續墮落就是動物，甚至惡鬼，就下地獄永世不得翻身了。

聖人不斷告訴我們，宇宙是有層次的。人身難得，如果還能生在神州大地更是難上加難，要有巨大的緣分，才能生在神州大地。講到歷史、國家、民族的淵源，就是告訴我們從哪裡來，這一生有什麼意義。為什麼修行要戒五欲六塵？就是告訴我們，不要把注意力放在身體的生理感官感受上。當你生活無憂之後，就要開始追求神性的昇華，讓自己的心、自己的靈魂不斷的昇華，這一生如果找到明師，又勤學苦練，一生就能昇華至高度發達的神性群體裡去，又能回去我們的來處，這才是真正的意義所在。

中華歷史上，羽化飛升的人太多了。縱觀中國歷史，黃帝是白日羽化飛升，之後的夏商周，有太多的人都昇華到神的境界。六祖惠能是虹化，圓寂時白光沖天，三日不散，現在他的肉身還在廣東紹關南華寺，歷經一千三百多

年了，廣東那麼潮濕，肉身沒走，還完好保留著，這就是昇華到神仙境界了。這是我們中國人共同的目標，是我們生活的意義。雖然我們尚在世間，按著天道地規好好的去學，勤奮努力，在功德方面哪怕前進一步，這一生都沒白活，可千萬別原地踏步，甚至後退。

這輩子身為人，卻不斷的為身體欲望貪求，結果下輩子墮落成了動物。人要把「五毒」和「五欲」戒掉，五毒是貪、嗔、癡、慢、疑，五欲是財、色、名、食、睡，這些都會使人墮落。如果把精神都放在這些事上，就是把身體當真了，你就是身體的奴隸。而這個身體僅是為了真我接收宇宙自然資訊而存在的。

所以古人稱我用「吾」字，我們祖先的每一個字都是博大精深的，現在的簡化字卻把「吾」改成「我」。修行人不壓抑，嬉笑怒罵皆是本性現前，高興即笑，當罵則罵，一提簡體字我就生氣，想罵那些居心叵測之人。「我」字下面是「找」，上面是「丿」一撇，代表上面的天塌了！現在的人在找曾經的天，因為天塌了。我們中國人都是循天道而行事，沒有天之道，就沒有地之規，人居天之間。所有的中國人，一說「我」的時候，潛意識深處都在找天，因為天塌了、天丟了，我們的方向就沒有了。

中國人都是龍的傳人、神的子孫，神教我們天之道，讓我們做事時符合天道，方可落成地規。中國人一直以來遵循天道，雖然天道遙不可及，但是我們學習嚮往，如仰望星空；同時不離地規，似腳踏大地。這就是「腳踏大地，仰望星空」，天地之間就是中國人。

但這個「我」字出現的時候，就證明中國人的集體潛意識中，天徹底塌了。所以，現在中國人都在找天。而且「我」這個字是後人發明的，把老祖宗的字改了。不能往好的方向改嗎？這個字上面不能放「一」一橫嗎？讓天護著我們也行啊。簡體字是消滅中華文化的大陰謀，吾們得改回來，少說點「我」，多說點「吾」，只要改過來，潛意識也會跟著變化，馬上就不一樣了。

文字是文化之根、文化的基石。一個「吾」字就可以寫一本書，五個口「眼、耳、鼻、舌、身」，每個口都可以講一天的課，神性文明裡的蘊涵可不簡單。比如一個眼字，「眼」是看外界，吸收外界資訊的，但你不知道吸收了什麼、留住了什麼資訊，以為看到就真的看見了。然而，基本上所有人都是睜著眼睛的瞎子、長著耳朵的聾子。這裡面學問太多了。在神性文明文化裡，一個字中就有很多的神奇。其實不僅是字本身，掌握這套國學大智慧，可以

解決的醫學問題都是中醫西醫解決不了的，解決的企業問題也是大型企業管理專家解決不了的。學的是神性智慧，解決人事豈不信手拈來，不為帝王即為帝師，不為良相即為良醫。只是，都要講一個緣。

我們的文字每個字都有很多資訊。方塊字是象形文字，是立體的、全息的；西方的文字是拉丁字母，是線性的。一條線的信息量和一個正方體的信息量，哪個大？每一個正方體都代表宇宙所有的能量。多少條線才能組成正方體？線條搭載的信息量和正方體蘊涵的信息量，即是西方文字和東方文字的不同，天差地別；但是同時，也各有利弊。

線性文字的優點是指向性強、針對性強，信息量小，但非常精準，西方文字的優勢就在這一點，所以用於法律文件、合同契約，西方文字更加精準，線能直指一個點。中國的漢字，指向性也有，但容易籠統，是一個方塊，立體整體一起呈現，要怎麼理解都行。所以有利有弊，但精準的問題可以彌補，我們想要它精準就能精準。把正方體變成線很容易，要把線變成正方體是不可能的。

我們的文字根本不難，只要把一千二百個字學會了，以後就不用再學了。使用拉丁字母的英文卻有一百萬個單

詞需要背呢，哪個更難？聯合國通用的六種語言，分別為英語、法語、俄語、漢語、阿拉伯語和西班牙語。開會印資料的時候，都得按這六種語言來印刷，我們就發現，漢語的資料一眼就能看到，因為永遠是最薄的那一本，其他語言的都很厚。想想看社會再往前發展進步，使用拉丁字母的英文會有兩百萬甚至千萬個單詞，怎樣的記憶力才能記得住啊！

中華文字之所以是象形文字，這裡面可有大學問。

有人說象形文字的來源，是原始人不會寫字，就把動物等各種事物畫出來當字，這想得太簡單了，根本不是如此。如果只是把動物畫出來，為何還能有那麼複雜的語言系統呢？看看《尚書》、《禮記》和《詩經》裡的語言，都有強大的邏輯性，並不是畫幾隻動物就能連接起來的。象形本身，就是神發明這套語言最基礎的要素，文字一定要是象形立體，不可以是線或符號。線和符號就是典型人的發明，象形才是神的發明，象形蘊涵的資訊量最大，一個文字裡就有其形、靈、聲。

形是文字的形狀，靈是指每個文字背後的靈魂。上古時代高度發達的文明，四大文明古國來自宇宙的不同星系，各個文明的半神人對應不同星系中的神，即來自不一樣的

地方,但是文字怎麼都是同一類的呢?這裡面相當不簡單。人為何發明不出象形文字,因為它的形、靈、聲都極有講究。在此通過文字把文明的起源講出來,後面講經典時再講脈絡,一個文明的起源和脈絡就都明白了。

中華的漢語乃是神授,象形和字母的本質區別為,採用象形文字,我們每說一個字,腦海裡都有圖像、景象出現。說到「山」的時候,心中一座大山就出現了,每個人的山是不同的。說到「水」的時候,心中就出現一條河、溪流、湖或大海。說到「吾」的時候,一個人的形象、眼耳鼻舌身就都出現了。說到「樹」,心中就自動出現一棵大樹。這已經是用慣象形文字之人的自動思維,不管說到任何事物,自然而然的形象就會出現。有人覺得平常就這樣說話,腦海中出現各種形象是很習以為常的,那跟文字有什麼關係呢?事實上,這裡面的關係太大了!

我們人腦,是左腦負責語言,右腦負責形象、圖像、感受。說話時啟動的是左腦,但是我說的話都是帶圖像的,同時也在啟動右腦工作。這意味著,當中國人說漢語的時候是左右腦同時在工作。左腦是原始腦,是人的腦,人腦是邏輯性的、落後的、速度慢;右腦是神仙的腦,右腦是整體的、靈感的、是預測的大腦,任何事情一出現,從發

生到結果，右腦全知道。左腦是原始的、邏輯的人腦，右腦是高度發達的、形象的神腦。左腦被現實所限制，右腦則連接整個宇宙。

左腦通人，右腦通神。不經意間，我們用語言在平時的溝通中，左右腦就同時得到了鍛煉。比如「豬」這個字，在古文中是「豕」，就是家的下半部分，它本身就像一頭豬趴在那兒，有鼻子有腳有尾巴。一看到這個「豕」字，左腦啟動，而一想像到豬趴在那兒，右腦也啟動了，所以左右腦是同時在啟動。再看看英文單詞「pig」，能聯想到豬嗎？再比如漢字象形文字的「鳥」字，一看就會想到鳥，有冠有眼有爪；再看英文的「bird」，能聯想到什麼鳥？

現代科學研究發現，大腦分前語言區和後語言區，用漢語說話表達的人，啟動的是前語言區，用拉丁字母語言的人啟動後語言區。前語言區居於左右腦之間、而且相連著，同時與運動區最接近、也相連著，因此用漢語說話，左右腦都在運動，又因為相連著運動區，所以說漢語時全身都在運動。說英語的人是後語言區啟動，後語言區只刺激左腦，不涉及右腦，它連接鄰近的聽力區域，所以說英語的人只刺激左腦和聽力。這和說漢語的人可大不一樣啊。

如果你是海外華人，可以學英語，但是千萬不要忘了

中華祖先的語言，千萬不要忘了漢語。中國人很聰明，想像力相當豐富，我們為什麼幾千年來領先於世界？從夏商周三聖時代，一直到秦、漢、唐、宋、明、清都那麼厲害，中國人文學的造詣、藝術哲學和思想的光輝偉大，屹立世界之巔。而西方人就感覺很單純，因為其文化思想是線性的。我一說起中華民族的好就滔滔不絕，因為我是研究文化的。

中華的藝術、哲學、文學、思想，曾經都站在世界之巔。只是兩百年來，我們應用科學落後了，如果把老祖宗的智慧真正運用一點出來，有這些基礎科學的前提條件，應用科學可以輕鬆趕超，絕對不可能比西方落後！

五千年來，中華都屹立於世界之巔，為什麼近兩百年落後了？要知道老祖宗的好在哪裡？現在又落後在哪兒？中華民族正處於危機之中，面臨各種挑戰，甚至有滅族滅種之危。中華子孫要清醒，要把老祖宗的智慧力量重新掌握起來。中華民族是神性的民族，中華智慧是神授的智慧，想消滅可不容易。只是近一千年來文化發生轉折，中華民族內憂外患，真正的智慧體系沒了，力量逐漸消散，才出現了兩百年被動挨打的局面。

西方近代以來船堅炮利，但是誰先發明的火藥、炮和

槍啊？都是中華發明的，只是我們發明了以後不濫用，把這些東西當成奇技淫巧，中國人認為這些東西是過度殺戮的，所以封存起來，不用於殺人。而後來，卻讓西方拿過去改進，用來燒殺擄掠。我們的力量絕不次於西方，中華的應用科學要想發展，非常快就能趕超，但是方向必須正確。中華的力量就從傳統文化中來，從神性文明中來，從神授的整套文明體系中來。

我們應該記住，瑞士心理學家榮格說過的一句話：「中華民族最大的後盾、靠山和依賴，就是其傳統文化。當中華民族的傳統文化復興那一天，就是中華民族崛起於世界的一天！」

第六章

嬉笑怒罵話文字
超前科學遭遇百年陰謀

第一節

中華基礎科學無比超前
神二代的沒落與崛起

講到現在，大家對華夏文明的產生可能有了濃厚的興趣，瞭解我們的文明是神性文明、神授文明。我們的文字、語言、智慧、思維模式，我們所有的一切，原來都是源自於神，得益於上古高度發達文明的神人直接傳承，我們原來是「神族」的後代。

現在有「官二代」、「富二代」的說法，而我們中華民族的子孫原來是「神二代」。是不是感到很激動、很興奮、熱血沸騰！我們的民族自豪感便油然而生。這正是我開講國學的意義所在，中華民族必須知道我們的典籍是怎麼來的，我們的先祖是誰。知道源頭了，知道祖先原來這麼偉大、這麼超前，後續真正講經典的時候，就會清楚明白祖先傳授給我們什麼。

從西方物理學和實證科學來講，現代量子物理學是最超前、最前沿的科學。當我們真正好好講經典的時候，就會發現中華老祖宗在三四千年前的經典中，早已把現代西

方最前沿的量子物理學理論、腦神經科學、心理學等最新的概念給揭示出來了。在基礎科學方面，中華遠遠超前於世界，現在我們只是在應用科學方面落後了。

中華的基礎科學超前到什麼程度呢？祖先在經典中早已揭示了宇宙自然的整體規律，而且很透徹；而西方的微觀物理學，即量子物理學，僅僅只瞭解了皮毛。西方的基礎科學現在已經到了瓶頸，已經有六、七十年的時間，沒有基礎科學、理論上的提升和突破，僅是在原有的量子物理學的基礎上，不斷發展應用科學。而如今應用科學也已發展到巔峰狀態，難以再有突破。如果基礎科學再找不到突破的出路，那應用科學也就止步於此了。

中華祖先在基礎科學上極度超前。當我講儒學經典的時候，很多都能用西方心理學、腦神經科學、量子物理學的前沿實驗資料及結論給大家講解，可見中華老祖宗之偉大。然而，如果周文王、孔子在，他們會很謙虛的說：「不是我們偉大，我們只是『述而不作』，只是把聖人傳授給我們的智慧體系總結了一下，用語言文字描述出來。」而現在我們知道，單單做成這件事，就已經足夠偉大了！

是聖人、神偉大，而非凡人偉大。中華的神不僅偉大而且無私，神告訴我們，作為人也可以修煉成神，可以掌

握宇宙規律。中華的神，不會高高在上，不會讓我們拜祂，而是教我們如何昇華成為神，這就是華夏文明的聖人們、神們的共同特質。與另外三大文明古國的神不一樣，他們的神不教人規律智慧，只讓人信奉。中華與他們不同，因為來處不同。這裡不再深入講太多，只有對傳承人才會講授更深層的、根源的、玄的內容。

中華民族根是正的、根是神明，每一個炎黃子孫都是「神二代」，每一個人骨子裡、DNA 裡都有那套神性的文明規律體系存在。我們不需要學習，只需要明師點化啟動，就能具備那所謂的大神通。古時候有神通的人，像諸葛亮、姜太公、張良、劉伯溫、袁天罡、李淳風等，這些人就是掌握了這套體系，他們以及他們同時期的人，都是歷史的真實存在，這是無法編造的。漢唐時期以前，掌握這些能力與智慧的人，在中華大地上比比皆是，而在歷史上留名的是其中的佼佼者。而現在這樣的人鳳毛麟角，基本見不到了，神二代沒落了，也就沒有神了。

天地隔絕以後，上古之神給我們留下一套完整的修行方法，讓我們還能恢復神的能力，讓我們又能修行昇華成神。這是最難能可貴的，是其他民族絕對沒有，只有中華民族才具備的。從八座神山流傳下來的法門法脈，現在所

剩無幾、基本找不到了，只有在歷史傳說、神話小說中才能找到蹤跡，但是根並沒有斷。如果根斷了，華夏文明就真的沒了。然而，現在已經岌岌可危，華夏文明的大樹已經倒下，根脈已經快要徹底斷絕。大家要記住一個年分，中華民族真正的恥辱之時，即宋朝滅亡的 1279 年，這是華夏文明從高峰開始轉向沒落的轉捩點。1279 年到底發生了什麼，未來我會再詳細講述。

雖然中華祖先有最發達的文明，有聖人智慧的傳承，但在 1279 年轉折以後，逐漸沒落，直至現在幾乎殆盡，我們不能再一味自豪了。現在我們使用的漢字，已經不是神傳下來的文字了，幾乎和神沒有關係了。這是為什麼？因為，現在的字已經不是神傳給我們那套文字體系了。現在中國人所用的漢字已經被改造過，而且不是按照上古神傳的漢字結構改造的，而是被有意、惡性的徹底改造了！看似字形差不多，但是底蘊、內涵、心都已經被掏空了，這讓我們離神越來越遠，也是華夏文明延續和發展的最大障礙和禍患。

但華夏子孫現在還尚無所知，所以我出來講授國學，也有責任和義務告訴大家真相。呼籲所有的華夏子孫，我們現在還有機會，從文字開始盡快恢復我們的神性文明體

系。從我們這代恢復起來，還有機會，一旦我們這一代錯過，將再無機會了。

中華民族如果沒有文化文明體系做後盾，將不再是一個民族，而只是口說拼音語言、寫著拼音文字的黃種人，就會完全把所有的神性忘掉，淹沒在西方那套人為創造的語言溝通體系裡，把祖先全都忘了。如果我們繼續默默無為下去，華夏文明體系的消亡其實只需兩代人。從我們這代算起，我們的兒子到我們的孫子，就兩代人的時間，整個華夏文明體系即將消亡。

中華民族要想恢復神性文明，現在還有最後的機會。不在下一代、不在我們的兒孫，只在我們這一代，才有可能恢復。若是我們這一代不作為，下一代想恢復都沒有機會了，因為那時已經沒有力量了，也沒有人去做了，等到我們孫子那一代，中華就完全融入到西方基督教體系中了。

這並不是否定基督教，但文化文明的基礎是信仰，信仰改變了，整個文明、文化、文字語言、思維方式和行為模式全都會改變。非洲就是例子，當他們的信仰被改變、文明被取代，文化就沒有了，文字就不存在了，語言就更沒有了。這樣一改變，整個人種的思維模式、行為模式全都被改變。這可不是危言聳聽，世界上多少民族都已經被

消亡了，都變成了種族，或者融合到了其他的文明體系當中。

中華民族還能作為一個獨立的民族在世界上存在著，說明我們還有凝聚力。而凝聚力的基礎，是有共同的文化背景，有共同的語言文字交流。文化是由語言文字組成，而這個文化大背景的前提是信仰。文字講完以後，我就要好好講講信仰，看看我們中華民族有沒有共同的信仰。

很多人都不知道中華民族的信仰到底是什麼。中華民族是不是沒有信仰？

一位美國前國務卿曾在一次演說中說：「有個國家是世界上少數的、沒有信仰的可怕國度，唯一崇拜的是權力和金錢，全民上下自私自利……這樣的國家不可能崛起。」在西方看來，沒有信仰代表沒有底限，而其所說的就是中國。好多中國人聽了以後頻頻點頭，覺得說得對，中國確實沒有信仰，既不信佛，也不信上帝，但是說不信又有點信，說信又不完全信，搞不清楚自己到底有沒有信仰。

只有清楚瞭解文明的淵源，才能知道中華民族的集體潛意識是怎麼形成的、信仰體系是怎麼形成的，之後才能瞭解我們的文化背景，我們的文字語言。現在是先從語言文字講起，有個源起，說到中華祖先文明的起始是光輝偉

大的，在整個宇宙都是超前的。要是再講一講我們的文明是從什麼深度來的，聽了會更激動。但是中華祖先厲害，並不代表我們現在還那麼厲害，為什麼？因為現在中華的神性文明智慧基本上消亡了。

第二節

神性體系科學見微知著
神授文字卻被偷樑換柱

前面將中華的語言文字，方方面面和西方文字比較，感覺中華文字好偉大呀，不講不知道，一講嚇一跳。然而，中國現在用的文字，並不是前面所講的，神留下來的那套文字體系。應該說曾經是，但現在已經被偷樑換柱了，看著相似，卻絕不相同，文字所帶的基因與內涵，文字所帶的更深的神性背後的那套智慧體系，其實都已經被換了！

我想把真相告訴大家，但是現在說真話的，反而被說是造謠。能一直讀下來的讀者們，必然是傳統文化的愛好者，都是關心華夏文明的志同道合者，大家有緣在這裡相遇，就要講點真相。經典是文字組成的，中華文字如何演化？學經典前必須清楚，才知道怎麼正確的修習經典。中華這套經典，就是上古之神，從龍、伏羲、女媧，到炎黃、顓頊、堯舜禹這些神人留下來的，神性的文化體系、真正的科學體系全都在經典中。雖然大部分失傳了，而留下來的經典也夠我們看了。

我們的經典有個特色，就是見微知著。比如《黃帝內經》看似是醫學，但是當中包含了所有的智慧資訊，這就是這套神性科學體系的特點所在。只要藉由一部經典，《易經》、《黃帝內經》、《山海經》、《道德經》中任一部均可，就能探尋出完全的、整體的神性科學體系。碎片當中有整體，所以不怕有失傳。任何一部經典中，即使是《孫子兵法》，都包含華夏文明的全部資訊。所以，讀經典的時候一定要掌握好方法，首先要從文字起修。修文字就叫「文字般若」，前面幾章所講，都是文字般若。

中華文字是怎麼演化的？文字的演化經過幾個階段：從最早期的象形文字；到了夏、商時代慢慢演化成甲骨文和金文，夏商的甲骨文就已經非常成熟了；再往後進一步演化，到了西周和春秋時期，文字又向前發展了一步，從甲骨文向簡潔化、線條化發展；到了戰國時期，文字開始出現分化。比如一個「愛」字，愛的象形文字是這樣一副圖畫：兩個人對站著，人有頭有身子有腿，其中一個人伸出手，手裡畫著一顆心，對面那個人伸手接這顆心。意思是，一個人手中捧著心給對面的人，對面的人伸手接住心。這就是象形文字中「愛」的體現，是以心換心，心不拿出來，叫什麼愛呀。可見一個漢字裡面承載了多大的信息量，「愛」的核心就是心。但在甲骨文中，把兩個人、一顆心

都畫出來，有些麻煩；因此，象形文字隨後逐漸簡化，開始表音和表意，不斷的完善，稍微抽象了一些，但一看就能明白，兩個人在交換心，這就是「愛」。

又比如「豬」的象形文字，剛開始時豬的頭身、耳朵、四肢、甚至毛都畫出來了，但畫起來很麻煩，後面簡化、抽象了一點，但看了還是能夠明白。所以西周和春秋時代，就開始了象形文字的簡化，因此甲骨文已經是象形文字的簡化了，再簡化成金文、大篆、小篆……逐漸演化下去。

到了戰國時期，戰國七雄各據一方，都說自己有正宗文化傳承，都有自己的文字語言體系。雖然有各自的文字，仍然是從甲骨文到周的金文，然後再各自演變而來的；同時，雖說簡化，仍然一定要符合規則：表音、表象、表意，要符合漢字的整體結構學。把「人」變成單立「亻」偏旁，其實就是一個人的簡化，可以這麼變，但是如何簡化偏旁部首、如何構成漢字，仍然是有一套規則。

戰國時期，各國雖然變，雖然簡化文字，但都是按照規則在簡化，這沒有變。秦國的字叫篆，其他六國也都有他們的文字，比如秦國和齊國寫的「豕」字都差不多，一看就能懂是豬，雖然有些不同，但都是按相同規則來的。所以，戰國時期的文字的確有點亂，秦始皇統一天下後，

首先做的就是「書同文，車同軌」。首先統一語言，統一文字，方便交流溝通；當時車輪寬窄不一，所以統一車輪的尺寸型號，以統一軌道，便於交通。

秦始皇命宰相李斯把秦的文字和語言作為七國統一的文字語言，李斯就把西周、春秋、戰國時期，由甲骨文演化來的文字做了整合，仍然按照漢字的結構，不離表音、表象、表意的原則，雖然簡化了，但還是象形文字，即大篆、小篆。從秦時的大篆小篆開始，我們的文字從此固定為線條式的方塊字，才穩定下來。在此之前，還是有動物圖像的象形文字。

線條方塊字在秦朝固定下來，但大篆小篆寫起來筆畫還是很多，後來又慢慢簡化成隸書，然後再簡化成楷書，即中國現在認知當中的正體字，此外還有草書、行書。正體字也就是繁體字，繁體楷書從隸書演化而來，經過宋、明，一直應用到清末、民國。因此，直至正體字都是延續著上古神性的文明體系，字的結構原則沒變過，都是按上古傳下來的表音、表象、表意。

然而現在的簡體字卻不是，中國現在用的簡體字跟上古神性文明沒有關係。簡體字雖然是線條方塊字，但已經失去了原本的內涵。簡體字結構不是按上古所傳的漢字構

造學而來的。中國人應該要清楚這一點，因為天天用，還以為在用神傳的文字，還在自鳴得意、自欺欺人！雖然中華子孫是神二代，但其實現在說的話、寫的字，都離神越來越遠了。神在天上看著都快氣死了，這些不肖的神後代，真想把你們取消神籍！

現在簡體字的發明，是帶著對中華傳統文化的恨而發明的。是為了剷除華夏文明，讓華夏文明消亡而發明的。為何這麼說？讀者都已經瞭解，文字不清楚，就別提文明，我們的文明全在經典裡，經典是由文字組成的。現在的經典本就是真假參半，如果文字再不明白，怎麼可能看懂經典！就算看了，理解的也一定是錯的。這就是我用這麼大篇幅講解中華文字的初衷。

漢文字有很多好處，能同時啟動左腦右腦，是神性的科學體系，不是人編出來的。象形字這一類表意、表音、表象的文字，全世界只剩中華才有，其他所有文化的文字都是符號文字。有人認為日語、韓語是從漢語文字演變而來，也屬於象形文字，其實這是錯誤的理解。

朝鮮在 1446 年以前用的全是漢字，從 1446 年開始，覺得自己的民族得有自己的文字，於是開始從漢字簡化發明自己的文字。但是他們根本不懂漢字為什麼這麼構造，

為什麼這樣發音，覺得研究一下漢字偏旁部首，把漢字拆開打亂，寫法更簡單，再發明幾個音就能說話了，於是推行了現今的韓文，民族主義就用在了語言文字上。

日語片假名也是從我們的偏旁部首來的，從唐朝學了我們的語言文字等所有東西之後，日本慢慢的就不服了，所謂的民族情懷起來了，就自己發明文字。越南語也是這麼來的，包括蒙語、藏文、泰語都是如此。以前中華周圍的藩屬國都是說漢語、用漢字，因為周、漢、唐時中華最強大，周圍都俯首跟隨，後來才自以為是，覺得要有自己的文字。

現在韓國開始主張恢復使用漢字，日本菁英也都得懂漢字會漢語，越南、泰國等等現在也全後悔了。本來一套完整、完善的神性科學體系，傳授了好好用就行了，人怎能有神的高度和視角呢？人自己另創出一套，現在全都後悔了。這些人為發明的語言文字，完全沒有表意、表象的深層意思，只是符號，跟西方拉丁字母的符號文字是一樣的。其文字的結構，完全沒有按照上古所傳漢字結構學來，因為他們不懂漢字是按照什麼規律和規矩構成的，不懂一個字如何能夠具備整體的、立體的、巨大的信息量。

漢唐時候，中國是全世界的老師。近兩百年來，中國

沒那麼強大了，英美更強大，潮流就跟著英美走了。漢字再好，沒有國力和鐵血的支撐，也不會有人跟隨了。但是，現在也都出現了自己發明文字的問題。

從字的音意結構特徵上講，漢字是單音多意，一千二百個字根學會以後，可以隨意組成無窮無盡的詞，社會再發展、知識再爆炸，新鮮事物出現再多，我們永遠只需認識一千二百個字，之後全都能迎刃而解。漢字學習雖然起步難，但往後越來越容易。而西方文字是起步簡單，後面越學越困難，而且到了一定程度後，難度是陡然上升的，根本無法跨越，現在這方面已成定論。

發音方面，看一看漢字的發音比起西方字母文字是否有優勢。英語音標有 20 個母音和 28 個輔音；漢語有 21 個聲母，39 個韻母。英語發音可以有 20×28=560 個發音。漢語發聲可以有 21×39=819 個發音。此外，漢語還有四個聲調，包括平聲、上聲、入聲和去聲，加上這四個聲調，漢語就可以有 819×4=3276 個發音。而英語是不分聲調的，所以，從音和調的角度來講，漢語發音的優勢遠超英語。

因此我們說，漢語是立體的。即使字形是一樣的，聲、調不一樣，表達的意思就完全不一樣。這也是外國人在學漢語時，最難以明白的地方。比如三個字「我愛你！」聲

調不同，可以有很多種完全不同的意思。英語說「我愛你」就很單調。漢語之生動立體、博大精深，因為它有三千多個發音。而英語只有五百六十個發音，日語只有一百個音，所以日本人學英語很難，學漢語更難，音調數量差得太多了。

中華老祖宗太聰明、太智慧了，漢語是立體的，一個音四個調，這樣使文字數量減少了四倍，一個字表意的時候，最多可以有四個意思。比如：你好（三聲）和喜好（四聲），同一個「好」字，就有兩個意思。另外，我們還有語氣詞和情緒的表達方式，「我去」兩個字，只要語調變化，可以表達陳述語氣，可以表達感歎語氣，也可以表達憤怒情緒，甚至還有疑問等等多種意思。音和調不同，表意就不一樣，這是漢語的特色。諸如英語等西方語言不可以、也不可能這樣。

漢語是最簡化的，同時又可以體現最大的訊息量，而且古今相通，非常穩定。未來隨著中國國力增強，漢語一定是世界語言的發展趨勢。而英語、日語、韓語等使用符號文字的語言都有難以忽視迴避的缺點，因為人為創造出來的和神創造出來的不一樣！

只要設想一下未來一百年的發展，很明顯可以瞭解、

可以清晰比較，看下一步世界通行的語言應該是哪一種？世界通行的文字應該是哪一種？以英語創造字詞的發展方式，再往後發展一百年，英語牛津大辭典，就會接近三百萬的單詞量，已經超出人的記憶容量了。而中華的孩子，只需要認一千二百個字，就可以通達一切。這是一經比較就能得出的清晰結論。不能因為中國現在國力弱，打不過人家，就說傳統的一切都是糟粕。最後實現大同、統一世界的絕不會是武力，一定是文化。而文化一定是讓人心悅誠服的文化，就像中華漢唐，除了打匈奴以外，各個國家都來漢唐朝拜、學習，心悅誠服的跟隨，根本不需要派兵征服。

世界大同，必是文化之大同，絕不能靠武力。當年的蘇聯，曾經是世界上武力最強大的，蘇聯解體時，有五萬輛坦克，都是當時最先進的坦克。如果五萬輛坦克都停在歐洲大陸的高速公路，能把所有高速公路全都停滿。蘇聯的核武器能把世界摧毀六十次，武力這麼強大，為什麼最終還解體了？而現在經濟等方方面面都不行了。就是因為他們的信仰、文化、文明被人侵入了！他們認同英美的文明、文化、信仰體系，認同英美的一切。當信仰、文化、文明被徹底征服以後，體力就沒用了，武力是發揮不出來的！

這就是我講授國學的意義和目的所在。現在的中華，精神領域以及文化、文明、文字、語言，都已經千瘡百孔、岌岌可危。中華的信仰若繼續被如此摧毀，則不超過兩代人，我們就是下一個蘇聯，甚至不如蘇聯。蘇聯還是白種人，信仰上帝基督，從信仰體系來說與美英是一家。而中華民族獨樹一幟，基督教文明不要我們，伊斯蘭文明不要我們，猶太文明不要我們。如果中華的精神領域、文明信仰被人徹底征服，到那一天，我們會一無是處！

我講國學、講經典和大學教授、語文老師不一樣，研究的方向不同。現在中華的漢字已經不是神性文字了，中國大陸現在用的是簡體字。有人說，文字的簡化不是正常的嗎？歷史上，從甲骨文到金篆隸楷，都是一路簡化過來的。可是，中國現行的簡體字，簡化規則和傳統不同。過去各朝各代進行簡化的規則和做簡化的人，都是在極度認同祖先文明體系的前提下，嚴格按照上古傳下來的漢字結構學，本著「表音、表象、表意」這個規則，不斷演化。其目的不僅是為了簡化，在演化過程中，有的字還繁化了，增加了些東西。有的簡化、有的增加，但不管怎麼變，文字的「表音、表象、表意」絕不會變，象形的部分絕不會變，這才是重點。而現在的簡體字卻不然，不是按照這個規則來做的。那又是按照什麼規則來的呢？

第三節

激進時代矯枉太過正
外族陰謀毀滅我文化

中國人現在學的簡體字是什麼時候開始出現的？中華簡化文字的呼聲，是從 1919 年的五四運動開始。其實近代最早的文字簡化想法，是在 1909 年，由學者陸費逵提出的，但這個想法當時沒有什麼迴響，不受關注，到了 1911 年才呼聲漸起。

這裡有個時代大背景，就是 1894 年甲午戰爭，那時日本的國力和艦隊戰力都遠不如大清和北洋艦隊，日本卻把當時世界數一數二、最先進的大清北洋艦隊打敗了。北洋艦隊這一敗，中華的民族自信一下就被打沒了。1905 年全民反思，說西方船堅炮利，很多文人志士出來推動學習西方的實用科學，同時呼籲放棄老祖宗的經典，說這一套經典是罪魁禍首，不能用於打仗，因為學經典，所以沒學實用科學。由此，當時就出現了一批洋務派，向西方學習製造。其實向西方學這些沒問題、沒有錯，但是西學風潮隨之出現，導致 1905 年清政府下令取消科舉。

清政府推動西化，取消科舉，設立學堂，設了卻不知道教什麼。而正是取消科舉，直接導致了清朝的覆滅。十幾歲的年輕人正處於青春叛逆期，而科舉類似現在的高考，有科舉，他們就有上進、比拚、競爭的目標，天天為之努力，生活有重心。突然取消科舉，年輕人天天閒來無事，又沒有了奮鬥的上升通道和途徑，一時之間，出現了一大批年輕的流民。年輕人不讀書，在家又待不住，科舉目標沒了就放任自我，然後就四處闖天下、走江湖，參加會道門，搏一個出人頭地的機會。最終，他們集中起來做一件事：革命推翻清政府。

　　取消科舉是滿清政府極其錯誤的決定，想學習西方學堂，但沒有高人指點，後來年輕人不斷起義，年輕人的爆發力和反叛精神無處釋放，原來在家對父母叛逆，在學校跟同學比高下、跟老師起衝突，出去到社會上，就跟政府對抗。所以參加革命的全是血氣方剛的年輕人，沒過幾年，1911 年清政府就被推翻了。

　　1912 年，蔡元培上任民國教育部長，宣布廢除尊孔讀經。至此，清政府取消了科舉，蔡元培又取消了尊孔讀經。不允許任何私塾再讀、再教四書五經等孔子經典。從那以後，中國人與經典決裂，到現在都沒能重新拿起來。現在

說到經典，大部分中國人都覺得那是老骨董，覺得高高在上、遙不可及，不會讀了。

在這種大環境下，1919年的五四運動時，大學的學生們開始反對傳統文化，要學西洋的實證科學。學習沒有錯，但是矯枉太過正了，清朝戰敗、被動挨打，跟老祖宗的學問體系有什麼關係？然而，一批左翼激進的學生、知識分子、有名的學者，提出一切都向西方學，摒棄祖宗經典，認為孔夫子是腐朽落後的代表，把戰事失利和被動挨打的罪過，全怨到了經典和孔聖人之上。

同時，1919年五四運動成功的取消文言文，推廣白話文，往後考試、書寫不允許用文言文，全用白話文。這時候文字簡化還沒開始動作，但是已經有人在打文字的主意了。民國期間，像魯迅、胡適、錢玄同、蔡元培等一些左翼的著名知識分子，已經開始有這樣的想法了。其中，典型代表就是原名周樹人的魯迅，他是針對文字、取締漢字最典型的代表人物，他曾經說：「漢字不滅，中華必亡。」魯迅就是認為，中華之所以被動挨打、落後不先進，漢字是罪魁禍首，如果沒有漢字、沒有經典，我們都用拉丁文字，就能跟世界接軌，跟上世界潮流。民國時，這批學者已經把漢字簡化的方案做出來了。甚至在1935年左右，民

國政府宣布開始布置漢字簡化的事宜，但當時有一個人救了漢字，就是民國元老、國師戴季陶先生。

在一次蔣介石主持的會議中，簡化漢字的決策就要明確頒布了，戴季陶直接走到會場中間對著所有人跪下，痛哭流涕的說：「祖宗的文字千萬不能隨便改，這是咱們的根啊！要是決定改，我就死在這。我們祖宗的文化瑰寶可不是我們想的那麼簡單。不要覺得麻煩，認為改簡單了就行，不是那樣，其中包含很深的道理，祖宗留傳下來的文字、體制等等不能輕易改變呀！」他磕頭痛哭規勸大家，蔣介石一看，此事尚無法推行，以後再議吧，再之後到了臺灣也沒改成，只要戴季陶在，就絕不會允許改。

戴季陶老先生為保存漢字立了一大功，但左翼知識分子卻恨死他了，花了十幾年研究漢字簡化的方案，被戴老先生一力擋下，他們認為戴季陶是中華與世界文明接軌的大絆腳石。但現在回頭看，多虧戴老先生，臺灣、香港、澳門才能一直保持正體字的使用。不過，民國時期推動的漢字簡化其實也沒有什麼大問題，那時候的方案仍是按照「表音、表意、表象」的規則，按漢字結構學來進行的，即使改了也沒有太大的偏差。

而中國現在使用的簡體字是怎麼來的？現在簡體字

的推行推廣是共產黨建國後開始的。為什麼一定要簡化文字？有什麼歷史淵源呢？事實根源來自兩方面，一方面左翼的學者、學生一派，直至現在，對傳統文化都持否定、打倒的態度，其中充滿了仇恨。如胡適、魯迅、郭沫若、朱自清等一批左翼學者，五四運動都是這些思想激進的人在主導。而現在中國人嘴上說要恢復傳統文化，其實都不敢。左翼的觀點就是要革命，不把舊世界推翻，怎能建立新世界？而且他們提出的是革命，不是維新，得從根上革，找根就找到了孔聖人那裡，就要從孔聖人開始革命，所以「批孔」從 1919 年的五四運動開始。

我們在此不針對黨派和政府，但對於文字文化，是什麼事實就講什麼事實，歷史自有真實呈現，而且本就是要傳一點真東西，正者無懼嘛。五四運動的左翼學者，後來成為共產黨的骨幹，從一開始對傳統文化就是打壓態勢，一直到文化大革命「破四舊」，就從根上毀掉了傳統文化。所以，現在沒人敢講真正的傳統文化。現在中國所提的傳統文化，都是「之乎者也」字面上的意思，講「孝」都是回家給父母洗腳，告訴大家怎麼忠君愛黨、服從政府，只可以講這些所謂的傳統文化。雖然這麼講並不是不對，都是想讓中華崛起，想讓中華復興強大，但是做法對錯與否有待斟酌。當時有當時的做法，現在有現在的做法，以後

有以後的做法，不能一概而論。我們不論對錯，就事論事，共產黨有這樣一批人，本身就要對傳統文化革命，這是第一個因素。

第二個因素，非常關鍵的人就是史達林。有人疑惑了：中華文字的簡化跟史達林有什麼關係？事實上，有直接的關係。蘇聯成立共產國際（第三國際），就是要把這些共產黨國家，聯合形成一個大的帝國，三〇年代的時候，共產黨在中國國內勢力還不強大，還只是共產國際的一個支部。史達林其實是個帝國主義者。什麼是帝國主義？即你們全是我的。那中國如何能是他的呢？只要中國保留了獨立的語言和文字，有獨立的文明和文化，就不可能成為他的「帝國」的一部分。各位應該不曾想過，一個文字的改革竟然會涉及到這些。史達林真是壞啊，亡我之心不死。他雖不是想讓中華徹底亡國，卻想讓中華變成他的小老弟，跟他學俄語拉丁語，取代中華的語言文字，消滅中華的文化文明，中國就永遠都得跟著他這個老大哥了。而那個時候，史達林提出來的這一套也很符合中國共產黨的願望。

1935 年，中國有三個學者，瞿秋白、吳玉章、蕭三在莫斯科，史達林下令安排他們三個人研究，如何把中國方塊象形文字改成拉丁字母文字。史達林站在蘇聯、俄羅斯

民族的角度，他的想法是合理的，要征服一個民族、一個國家，不能只用武力，史達林明白這個道理。用武力征服不會長久，但把語言、文字消滅掉，讓文化文明隨之消失，根就沒有了，民族就沒有凝聚力了。中華民族就成了一盤散沙，就變成了一個種族，屆時中國就不得不成為蘇聯的附庸，就必須得聽他的，他就可以灌輸他的文化，從文字開始，讓中華從根上、從骨子裡認同他的一切。

要征服一個國家、一個民族，用武力一定不會長久的。雖然，對於想征服中國的史達林而言，這麼想是合情合理的。但問題是，為什麼有中國人去配合他？難道配合他的人不愛民族，不愛祖國嗎？不！魯迅、胡適、錢玄同、郭沫若、瞿秋白、吳玉章、蕭三都是愛民族、愛祖國的人，他們為國家為民族都可以拋頭顱灑熱血，犧牲自己；然而，他們雖然是學者，卻對華夏文明文化體系只知其一、不知其二，只知其表、不知其裡，掌握得沒那麼透徹。他們不知道文化、文明是由語言文字承載的。只是看到西方先進，就想去跟人家學，但他們不知道一旦語言文字也跟人家學，自己的根就沒有了。你是一棵棗樹，看到旁邊的青松挺拔高大，棗樹也想成為青松，就把自己的根刨了，移到青松之上就想變成青松，那是做夢！你自己的根都沒有了，最後只能成為青松上的一根枝枒而已。

我們並不能說，這些學者是想害國家和民族的。這是從文化文明的角度來講，對事不對人，哪怕我也痛斥蔡元培不尊孔、斷經學，但並不是要記恨他們。他們也都是愛國者，他們一定都是想讓國家富強、民族崛起，但是我們看問題的角度不一樣。

而史達林的角度是非常明確的，就是要把華夏文化文明滅掉，先把語言文字滅了，文化文明自然就沒了，也就沒有信仰了，以後就跟隨他了。好在中國共產黨建國以後，毛主席不是什麼事都聽史達林的。中共建國初期，史達林給予中國很多援助，然後就指手畫腳，當時國家主席毛澤東和總理周恩來聽了他很多建議，但是最關鍵的時候沒有聽。民族的氣節、民族的獨立性是第一位的，毛主席在這一點上無可否認，是中國的民族英雄。史達林想盡一切辦法吞併中華，讓中國成為他的小老弟，但毛主席如此大魄力之人，不會甘於人下、做小老弟，所以史達林沒有得逞。

瞿秋白、吳玉章、蕭三等在莫斯科研究把漢字拉丁文化、字母化的學者，1935 年拿出了方案。1936 年，在蘇聯符拉迪沃斯托克（海參崴）開了一次漢字拉丁化的國際會議。那時共產黨剛到陝北，勢力不強，因此主要人物都代表中國，參加了這次共產國際的漢字拉丁化會議。會後，

就在解放區開始實施漢字拼音化，出了兩版報紙全是拼音印刷，兩版之後就出不下去了，因為沒人能看懂。漢字文字我們能看懂，但是一大篇拼音，誰都讀不出來是什麼意思了。

中華使用象形文字，語言和文字是相配的，我們讀書看報，必須配著方塊字，即文字的音、形、意必須相配。用拼音印刷的報紙，雖然音沒變，但形變了、意變了，肯定讀不懂。不信可以試試找一篇文章，用拼音重新寫出來，拿給任何中國人讀，肯定沒人能讀出來！兩版以後發現，農民不認識，知識分子也看不懂，拼音化進行不下去了，只好暫時擱置。而史達林還未死心，又親自提出來分兩步走，第一步把漢字簡化，第二步再將漢字拼音化。這是當年定出的漢字簡化策略。

中共建國後，1956 年召開了簡化字的會議，毛澤東主席現場發言，大體意思是說：「漢字是統治階級剝削、壓榨和統治無產階級的工具，繁體字太難寫、難懂，無產階級不認識，統治階級以此為手段，不讓無產階級認字和掌握文化知識。今後世界的文字發展方向一定是拉丁化、拼音化，與會的同志，你們贊成嗎？」誰敢不贊成。毛澤東主席又說了一句：「這個提議，勞動人民群眾是可以接受

的，我認為會有一些知識分子不會接受，會有想法。」之後，的確有好多知識分子倡議，漢字不能簡化、中華文字不能拉丁化，否則中華文明就沒了，當經典變成拉丁文，文化就將斷代，他們就會成為歷史罪人。但是最後，所有說這些話的人全被打成了右派。

到了 1964 年，中國政府發布了《簡化字總表》，收錄 2236 個簡化字。漢字總計約有九萬字，但一般常用常規掌握的漢字基本在五千字以內，現代中國，有文化的人能掌握三千字左右，文學家、語言文字學者掌握四千字左右，普通人則一般掌握一千五百字左右，都囊括在這 2236 個簡化字當中，即人們日常的常用字基本全被簡化了。

然而，從正體字向簡化字簡化的過程，左翼學者們其實是抱著仇恨的心態，以消滅漢字為目標進行的。後面繼續講，為什麼簡化字簡化成這樣？因為出發點不同了，依據的簡化規則，不是「表音、表象、表意」的原則，也不是漢字結構學。有臺灣學者發表文章稱大陸簡化字為「破體字」，因為它是破壞了文體的字，也已經完全破壞了老祖宗的文化體系。

關於現在的簡化字是怎麼來的，還有一個典故。清朝末期，1851 年發生了太平天國運動。太平天國跟我們的文

字有什麼關係，聽我慢慢道來。太平天國是洪秀全在廣西以拜上帝教的宗教名義起義，說上帝的大兒子是耶穌，自己就是上帝的二兒子。他起義首先推翻孔子，因為洪秀全是讀書人，多年科舉不第，對科舉制度和朝廷滿心怨恨。他不說自己學習不好，卻反叛、怨恨，把怨氣全撒在孔聖人身上。他起義掀起了太平天國運動，第一個砸孔子像、推翻孔子。他的拜上帝教，信奉上帝，仇恨傳統中華文化，仇恨整個華夏文明，要打倒傳統文化，這是刻骨的仇恨。從此吸引了許多基層平民和勞苦大眾跟隨他。

洪秀全占領南京，太平天國建立後，就開始實施文字改革，目的不是為了讓文字好學好用，進一步清楚認識文化；而是要毀我華夏文明、孔子經學、文化體系，就從文字上開始毀。太平天國就是這樣帶著仇恨簡化了漢字，讓百姓學習。當時所實行的簡化字，是把民間和歷史上的異體字收集起來使用，而根本不是按照漢文字的「表音、表象、表意」和漢字結構學來進行簡化。因此，太平天國簡化的文字，是把文字當中的核心部分全都去掉，留下的部分連形都不在了，既不表音、又不表象、也不表意。

1864 年太平天國覆滅，這套簡化的文字就不被使用了。然而，太平天國的簡化字跟中國現在的簡化字有什麼

關係？事實上，1964 年中共中央所採用的漢字簡化字總表，就收錄了大部分太平天國的簡化字。為什麼不用民國時期，錢玄同那些著名學者們，按照漢字結構學，簡化的字？因為民國時期是蔣介石政府，若是在共產黨政府時期用了民國時期的簡化字，那就是反動派，所以不能用。而太平天國運動，被定義為農民起義，是人民暴動、人民的力量，所以應該選擇太平天國的簡化字。

可是，太平天國哪是「人民的力量」啊！回顧太平天國歷史，燒殺擄掠，無數非人的行為，毀我大好河山，屠殺多少華夏子民啊！世界評價歷史上三次最殘忍的人類大屠殺，第一是第一次世界大戰，第二是第二次世界大戰，第三就是太平天國運動。太平天國運動，我中華民族死了多少人！為什麼清政府後面被八國聯軍打得節節敗退？太平天國在南方造反屠殺，把國力消耗殆盡，是最重要的原因。不將我菁英消滅殆盡，中華可能被動挨打這麼多年嗎？拜上帝教本已居心不良，還編出一套簡化文字貽害到現在。

隨後，我們會講述簡化字中的「愛無心，親無見」，簡化字把每個字的關鍵部分、字的心都掏掉了。我們現在學的簡體字，是兩種對傳統文化的仇恨相加而成的。所以中國現行的簡體字已經代表不了中華上古傳下來的神性文

明體系了。

　　我是中華民族的文化老憤青，我同樣愛民族、愛國家，但是愛法不同，我們在文化、文明角度的理解不同。請各位允許我的憤怒，我們好不容易有緣生在中華神州大地，結果卻與神的文明體系隔絕了，一想到此，我就很鬱悶、很氣憤！在此，我呼籲所有的炎黃子孫恢復正體字、繁體字，當我們真正恢復正體字了，我們和神性的文明就重新連結上了，那個時候我們才是真正的神二代、神後代！

第七章

真正的修行在世間
復興的起點是文字

第一節

不忘初心方得始終
五福俱全世間圓滿

　　現代中國人使用的簡體字，距離華夏神性的語言文字體系，已經出現了巨大的偏差。其實華夏神性文明體系的傳承，不僅僅是上下五千年。中華文字也不是起源於商朝，考古學家所發現的甲骨文，已經是一整套完善的文字體系、成熟的語言系統了，而且這套文字在當時已經應用得非常熟練了，甚至比現代中國人運用得都熟練很多。與那時候比較，現代中國人可以說是一路退化，這也是華夏的悲哀！

　　經學曾是中華民族從上古高度發達的神性文明傳接過來的，是認識宇宙規律的一整套科學體系，到現階段，已經基本消失殆盡了。萬幸的是，我們還沿用著中華獨特的語言文字，表意、表音又表象，這是我們唯一的文字。然而這個文字現在也已經離道甚遠。道，即是神授的文明科學體系、一整套的規律，我們已經離之越來越遠，卻越來越靠近西方的邏輯思維，再這樣下去，華夏文明和文化很可能就會毀在我們的手裡。

這一套神授的科學體系、規律，即天道，是復興崛起還是在沉默中滅亡，關鍵就在我們六〇、七〇和八〇年代出生，目前年齡四、五十歲的一代壯年人身上。真正的傳統文化和國學、經學體系，真正的神授文明體系、老祖宗智慧的精髓，現在已經走到了谷底，到現在為止，基本看不到任何復興、崛起的希望。

現在還掌握老祖宗大智慧的人，鳳毛麟角。但大家心裡都還抱有期待，即使冒著風險也要出山喚醒有緣人。喚醒並不是要大家起義革命，而是在文化方面的喚醒，喚醒大家對國學、經學，對這套神性文明體系的興趣！探求這套體系的真正內涵！從我開始喚醒，鑽研學習。我們僅是在文化上的喚醒，並不涉及政治。我們這一代人肩負著傳統文化復興的使命，這套神授的文化體系、文明體系，如果真的毀在我們手裡，我們就是歷史的罪人！

在民間，真正傳統文化的脈絡還是有的，雖然歷經了千年的艱難，經過宋朝以後歷朝歷代統治階級的不斷打壓，不管是本族還是外族的統治階級，對我們的傳統文化和國學、經學，都在拚命打壓。但它們還是倖存下來了。真正能掌握傳統文化精髓的人，雖然鳳毛麟角、寥寥無幾，但在我們這一代人之中，還是有一批掌握著的。所以，復興

的希望就是這批人要站出來，克服恐懼不要怕，把老祖宗的這套大智慧傳出去，傳給我們的下一代兒孫們。

一位明師出世，就像一盞明燈，能點亮千萬盞燈，千萬盞燈再去點亮更多的燈，燈燈相續，華夏文明的種子將再次在神州大地繁衍生息！要文化復興，師徒間人人相傳其實很快，因為我們骨子裡、基因裡一直有著華夏文明的種子。

我所授的國學，其實是隨性而聊，我們來交流真正的國學是什麼，從哪裡來，脈絡、基礎是什麼，我們現在處於什麼狀況，這些都清楚了，我們才有方向，才知道應該研究什麼、探討什麼、挖掘什麼，才理解我們老祖宗的大智慧是什麼，中華的祖先到底掌握著什麼大智慧，是我們不能摒棄、排斥和否定的！而西方近兩百年來，又掌握了什麼？有什麼優勢好處是我們要學習的？東西方的精髓都掌握了，中華民族必然會崛起。

現在我們的情況是進退維谷、左右為難，把自己祖宗的文化都摒棄、否定了，表面上說復興傳統文化，但從五四運動到現在，哪有人敢把真實的傳統文化講出來！就像《奇門遁甲》、《周易》，從字面上解讀都沒問題，而深入真實的內涵，卻無人敢講！

要讓中國人發自內心的知道老祖宗真的有大智慧，中華經典真的有優勢，我們要先從語言文字講起，而後講經學。包括《黃帝內經》的醫學、《孫子兵法》的兵學、《鬼谷子》的陰陽學、《韓非子》的帝王學，有機會再講講《易經》，那是宇宙萬事萬物的規律。一步步將大家領上真正的國學、真正的經學、真正的傳統文化、中華神性智慧的大路。將大家領到門前，再針對有緣人，教授打開傳統文化、神性文明大門的鑰匙，有緣人即可得其門而入。師父領進門，之後修行就靠個人了，靠個人的定力，個人的德行、勇氣和堅韌。

修行是一條光明大道，是一條正路。但是，「人間正道是滄桑」，尤其現階段，真的想走上修行路，經歷的事情會非常多。但路途中的一切，也是必須經歷的，是走向聖賢、走向圓滿的必經之路。自古以來，修行之路從來都不好走，沒有山珍海味、名車豪宅，想舒舒服服、閒來無事念念咒、打打坐就算是修行了，這是不可能的。真正的修行，就是克五欲五毒的過程，這才是修行的正路。也許在世間，會給你一大筆財富，給你美滿幸福，給你美女帥哥，然而卻都是考驗，看你在財富、幸福面前會不會失去本心，忘了初衷。

絕大多數人表面上天天都在修行，當一大筆財富來了，就沉迷於財富，完全被迷惑，忘了什麼是修行了；有的人成家了，幸福一來，美女帥哥在身邊，天天享受著天倫之樂，也就忘了修行的本意初衷。修行不是只有磨難才是歷練，反而是給了你福報、財富、美色，這些誘惑才是修行人真正的考驗、真正的難關。所以說「人間正道是滄桑」，修行者要經得住更大的誘惑。

　　真的想學好這套體系不容易，修行人一般都有一句座右銘：「不忘初心，方得始終。」所有修行人一定要有座右銘，否則磨難來了，經受不住就會有放棄之心；財富、幸福來的時候，自然就被福報消磨了初心意志，沉淪於感官的享受。

　　大家都關心在世間如何能幸福？如何有財富？如何子孫滿堂？其實，富貴是福、健康是福、平安是福、美滿幸福、子孫滿堂，這五福本就是修行的一部分。修行人並非不能有財，也不是沒有幸福。真正的修行人，必是五福俱全，一定在世間修得五福的基礎之上，再修出世間的圓滿。

　　真正的修行，是先把人做好，五福俱全成為人上人。既有健康的身體，又有幸福的情感，有財富尊貴，又被人敬重，五福俱全是修行的根本。五福俱全了，世間法才算

修成了。其實很多人擁有的是有漏之福，五福中有一福旺，其他福卻都沒有。比如，當上大官，可是只有名利沒有平安，這不叫圓滿；或者首富特別有錢，富這一福很旺，而自己或家人卻沒有健康；或者富，但天天被官員欺壓，被人訛詐，富得憋屈，沒有貴。這種有漏之福並不圓滿，不是真正的修行人所擁有的。真正圓滿的修行人，要富、貴、健康、情感、平安，這五福俱全。

中國改革開放四十年，有錢發財的人很多，福布斯榜的首富，各省、各地市、各縣的首富多不勝數，現在看來有幾個能長久？好多人有了錢、發了財，但自己的身體垮了，或者家人照顧不周，老婆孩子各種病，沒有健康，沒有壽之福。更多人發財後拋妻棄子，家破人散，情感、幸福、美滿都沒有了，生活一團糟。也有人發財了，卻進監獄了，掙錢不擇手段或者遭人陷害，就沒有平安之福，掙錢何用？還有些當官的人，不擇手段往上爬，看似得到了貴，但身體健康、家庭幸福沒有了，有的也進監獄了，也是沒有平安之福。

這世間，偏福好求，比如只求富足、只求當官，最難求的是五福俱全。中華上下五千年，沒有幾個真正達到五福俱全的人。歷史上最典型的五福俱全之人僅有幾位，三

211

皇五帝不論，周時姜太公算一個，周滅商後姜太公封在齊國，子孫滿堂，功成名就，後世子孫延綿興盛，五福俱全；而同時，他本就是修仙之人。

春秋戰國時期的范蠡，在那個年代享年八十八歲，健康長壽；娶得天下第一美女西施，白頭到老，子孫滿堂，幸福美滿；家族昌盛、繁衍延綿，我就是范蠡的七十四代孫；他也是修道之人，得財之後取之於社會，用之於社會，還之於社會，說明他通道，能充分運用祖先的智慧，能得能捨，所積陰德都留傳給了子孫，很是難得。范蠡本人，武做到越國三軍統領大元帥，助越王勾踐打敗吳國，成就春秋五霸功業；文曾任齊國宰相，三年治理使齊國經濟繁榮。功成名就，而後掛印散金，到山東陶山隱姓埋名，成為商聖陶朱公，富甲一方；平安活至八十八歲，是難得的五福俱全之人。西漢張良也很厲害，是神仙級的人物，後來歸山隱居，不知所蹤，也是這一類五福俱全的修道之人。

在這類神仙級人物中，諸葛亮卻沒能做到五福俱全，最後是鞠躬盡瘁，累死的，但這也是諸葛亮的初心。劉備三顧茅廬，諸葛亮獻著名的《隆中對》，作《前出師表》預示了他的命運結局。諸葛亮是神人，知道自己一生怎麼安排，但是到最後也沒能打破命運的安排，鞠躬盡瘁，死

而後已。

　　所以，世間的偏福好求，用世間法就可得。那我們為什麼還要學國學經典，學傳統文化，學上古智慧呢？其實我們的目標，就是在世間修成人中之尊，修得五福俱全：健康、富足、尊貴、幸福、平安。人中世間修好了，這是修行出世間圓滿的基礎，世間的五福有漏，就不要想修出世間的圓滿法。

　　很多人對修行有錯誤認知，認為修行人就應該歷經磨難，貧困潦倒、無妻無子，視名利如糞土，這是不對的。如果歷史上的修行人都那樣窮困多病，不娶不嫁，沒有子孫，天天磨難，誰還有動力修行？修行只修出世法，世間法不知怎麼修，有病不知怎麼治，那就修錯路了。

　　真正的修行人，一定是先修世間法，再修出世間法。世間法和出世間法是一回事，最基本的原則一定是先把人修好，從人起修。不是直接跳過人間從出世間法起修，只知打坐念佛，事事不管不問，夫妻互相不理，孩子不管，錢也不賺。天天說「不要影響我修行」，完全不積極進取，上班的不好好工作、學生不好好學習、社會義務都不盡；把爸媽一放，自己進山修行，多年都不見一面，那不是真正的修行！真修行都是在世間修，沒有脫離世間談修行的。

《六祖壇經》中，六祖惠能把這些說得清清楚楚。小隱隱
於山，是最沒出息的，小隱不叫修行人，更何況在山中也
修不了什麼。

第二節

明師引路找回自己
腳踏大地仰望星空

　　都說「上山修行」，但是「上山」究竟是什麼意思？前面講過，明師都在山上，但並不是真的藏身在深山之中，「山」代表著境界的高度。明師不是在山裡藏著，一位明師也有可能住在發達的城市中，就是一個普通人，正常生活工作。拜至明師所在之處，就叫上山求法、求道，因為在師父那裡求得的，都是山上傳下來的神授智慧體系。所以是這個理，「上山」是去求法，而不是在山上待著修行，明師在山上指引點化你，然後你得「下山」去修，起修處在人間、在世俗處、在滾滾紅塵中，去克五欲、克五毒，這才是真正的修行。如果在山下被滾滾紅塵淹沒，又迷失了方向和道，再回到山上找師父指點，重新洗淨，心清淨了，再下山繼續修。這就叫傳道、授業、解惑，是修行的基礎。

　　我們如何起修？明師從哪裡開始指點？一定是從經學開始指點，先從經典上的文字般若開始，讓你先明理，再教你在世上修。明理即是傳道；世上修即是授業，需要下

山去練。世上修即是教你方法、手段，解決現實中的問題，教你現實中的基本規律、本質，如何看透，怎麼用密法密術。傳道授業之後，下山練出現問題了，再上山，師父再給你解惑。這是修行的一個過程，所以文字和經學是真正的起修處。

這些內容應該是給弟子講的，在這兒針對有緣人，顯學的內容可以公開講一講，但也不能講太透，只希望有緣的人聽後感興趣，能夠給他指一條正道，別走邪了。現在世上邪師遍地，求法的人不得其門而入，非常痛苦。對傳統文化、對修行、對國學，對神授的這套大智慧，感興趣的華夏子孫太多了，但是真正能夠得到明師指點，引上正路的卻太少了。修行路上遍地是邪師、處處是陷阱，若是一個看不準，一步就落入陷阱，直接掉入深淵。人人都想昇華到天堂，昇華到神仙境界，結果 99.999% 都掉到深淵裡去了，都在地獄門前徘徊。

末法時期，多災多難，明師難尋，正路閉塞。想找到智慧的大門、神授的體系可不那麼簡單，得有多大的福報、多大的機緣、多大的毅力、多大的勇氣！任何明師想授徒，一定從文字般若開始，文字上先把理講通，這叫正知見，沒有第二條路。有些老師直接讓弟子打坐、辟穀、四禪八

定。那是世上修的方法，但世上修沒有方向也是不行的。理不明就打坐，你知道為什麼打坐嗎？何為四禪八定？何為入定，你入的是正定還是邪定？現在市面上教的超級靜坐、四禪八定、打坐不動不思不想、聽呼吸止念頭，這都是邪定，不是正定。上坐好像自己心安清靜了，下坐就不是人了，這種例子太多了。

想真正好好修行的人，就該讀一讀《六祖壇經》，《六祖壇經》是一座燈塔、一盞明燈。所有我所說的話，一定句句不離經典。也提醒各位，所謂大小周天、意守丹田、開天眼、各種運氣方法、各種觀想方法，一定少練！明師不在書裡，沒有明師指點，書上寫的你根本看不懂。自學在身體上運行氣血，好多人都運壞了、修壞了，千萬不要這樣修！要修行必須找明師。修行很簡單，大道致簡。但未遇明師，先放下那顆修行的心，把人做好，把人做好了就是大修行。

修行必有明師，歷史上沒有任何一個修行有成者，是沒有明師指引的。若沒有明師點化、領你上正路，千萬不要盲修。要記住，修行路上步步是陷阱。也不要以為，行善就是修行，天天做好事就是修行。你知道什麼是善嗎？這個最簡單、最基本的概念，你清楚嗎？如果認為天天做

好事就是修行，認為不用師父帶領，任何經典都是在告訴我要做好事。那你錯了！那只是你理解的經典。

如果做好人、做好事就是修行，那好人、好事的標準是什麼？可以試試，讓家人、親朋好友都寫一下好人的標準，每個人寫的標準一定都不一樣，一寫就看出問題了。再說一下什麼叫善？每個人都希望止惡揚善，一生都想做善事、做善人。但是，如果試著寫一下善的標準和概念，再想一想這兩個題目：好人的標準，善的標準。

什麼是好人？什麼是善？只要真的放在心上，好好思考這個問題，當你把所思所想在紙上列出來，你會發現其實自己並不會做人。不管現在多大年齡，你會發現，不知道自己這幾十年是怎麼過來的，以為自己挺成功，以為做的事都對，以為自己是大善人，結果卻連什麼是好人、什麼是善都不知道，那你這個人就沒有是非標準，什麼是對、錯，你也根本不知道。

你以為打坐念佛是修行。錯了，那不是修行。以為是從善起修，也沒那麼簡單。而你身邊的人寫了以後，你就會發現，每個人對善的理解都是不同的，也就都是有漏的、不圓滿的。所以，你認為的善不一定是善；你天天做好事以為在修行、在積功德，事實上可不一定；天天做善事，

你覺得在幫助別人，結果你可能是個大惡人，別人反而都在罵你。

其實，這就是不明理，不明白起修處在哪裡。把人做好，並不只是讓你做好人、做善人。把人做好，就是把自己在社會中、家庭中的責任盡到。上有父母，你盡心盡力把父母照顧好，做好兒女的角色；有老公、老婆，好好對待伴侶，這是盡你夫妻的職責；有孩子，你少應酬，少打坐念佛，把時間多用於陪陪孩子，這都是你現實中應盡的職責；有工作，盡心盡力的把工作做好，上對得起老闆，下對得起員工、客戶。把應該做的事做好，把個人、家庭和社會的職責都盡到，這就是世間的修行。

所有喜歡國學、喜歡傳統文化的人，必然嚮往修行、嚮往昇華，修行不是遙不可及的概念，修行就是尋求內心的昇華。我們此生來到世間，想要昇華就是要修行。但是修行要有個起步，從哪裡起修？修行之起修，必是先得遇明師，有明師指點才能走上修行正路；如果未遇明師，自己別盲修瞎練。

真有修行之心，那就等待明師，看有沒有緣，遇到明師就有大福報，要堅定的跟隨去學。當然，遇到明師，明師開始教你，一定也是讓你先把人做好，孝順父母，做好

應盡的職責義務，明師也是從這兒教你起修。明師點化理通了，再教密法密術，一下就會飛升起來。但明師收徒是擇人而授，也要看你有沒有德的基礎。

很多修行人，嘴上天天說自己大愛無疆，修成佛後普度眾生，別騙人了！自己的親生父母、伴侶、孩子，都盡不到義務，還談什麼天下眾生！明師絕不會收天天打坐、天天念佛念咒、現實中什麼都不做的人。你以為那是修行，但你錯了。上不孝父母，一個月都不見父母一次，親生父母都沒有關照、沒有孝順，如何能敬佛是大父母？一屋不掃，何以掃天下！自己的家人都照顧不好，老婆做飯、帶孩子，你天天回家卻只知道打坐，一坐幾小時不理妻兒，不照顧自己的孩子。人都沒做好，明師如何能教你。

明師授徒，一定是教授有責任感的人，不會授予好高騖遠的人。天天想往天上飛，仰望星空沒問題，但一定要腳踏大地，才可以踏實的仰望星空。大地生你養你，給了你一切，你卻脫離大地遙望星空，好高騖遠，這不是修行人。

國學也是修行的一部分。生而為人追求心靈圓滿，人生昇華，只要修行之路向前一步，一生都沒白活。聖人在經典中所教就是這些。現在世道艱險，大奸大惡之人也都

在修行領域，邪師遍地，但多數人看不出來。以為修行路上都是大智慧的人、聰明的人。邪師口吐善言，卻把人領向深淵，使其家破人亡還不知怎麼回事。不要以為整天向外求，就是找到佛了；真正的佛，是告訴你方法，讓你找到自己。明師、正師與否，是有標準的，當你清楚標準以後，眼睛就是亮的了。而真正的明師，也一定不會讓你把他當成神仙，把他當成大師，不會讓你求他，他一定會帶你找到你自己。

文字般若，要從文字上入，從文字起修。前面講了很多文字的起源和文字的結構特點。我一直呼籲大家，好好學習正體字，即使我們四、五十歲了，但何時開始學習都不晚，先從正體字學起。臺灣、香港、澳門現在還在用繁體字，我們的孩子、孫子，從小時候開始，也要盡量從繁體字學起。現在的簡體字，字的心都已被掏出去了，已經不表象，更不表意了。

漢字是有結構學系統的，雖然漢字從象形文字、甲骨文、金文、大小篆、隸書、楷書，再到行書草書，正體字一直都是在逐漸簡化的過程中。但是太平天國對漢字的簡化不循常理，不循漢字結構規矩，甚至專門打破規則，把歷史上不合規矩的異體字、破體字挑選出來，形成他們的

簡化字。太平天國對傳統文化的態度是恨，是要打破傳統文化、正統的理法和正統的漢字結構規則，而且把孔子像都推倒了。太平天國信上帝，而上帝怎麼看中華？《聖經》裡說，中華是東方惡龍的子孫。

東方看西方是包容的。我們的文明體系跟任何宗教、民族都沒有衝突，都在講包容。但只知包容，就不知人家怎麼看你。西方想消滅我們，而我們還渾然不知。所以在此就要把東西方都講明白、講透了，我們就事論事，不針對任何民族，從文字、信仰、宗教、文化、醫學、戰略、帝王學、心理學、科學科技，各個方面深刻對比，而且基本上都是你未曾聽說過的。

我們要從經典起修，從文字般若起修，因為沒有正知見的時候，你是沒有方向的。沒有方向的時候，就不知道走的路是正是邪，還每天堅持著自以為是的「善」，覺得自己是好人。結果別人都在罵你，為什麼？因為你不會做人，善惡不分。你覺得自己做的是善，覺得是在幫別人，結果卻把別人害慘了。

為什麼說人人都想做善人，實際卻是惡人呢？只要想一想，從上學到進入社會，接觸了那麼多人，以你對人的評價，覺得有幾個好人、幾個善人呢？能說出一個就很難

得了，人人皆是這樣，其實你在別人眼裡也不是什麼好人、善人，只是每個人都覺得自己是。都覺得是自己對得起別人，而別人對不起自己。

因為我們沒有標準，都覺得自己是善人，但別人肯定跟我們的看法不一樣。如果從小到大，在你的同學、同事、朋友裡，你真正肯定的好人非常少；同理，你在別人眼裡也是一樣，也沒有人肯定你是好人、善人。所以，我們要學習經典，要會做人。

不要以為你讀了很多諸如《道德經》、《孝經》、《論語》、《六祖壇經》等經典，就知事理、明是非。不管讀了多少書，前面問的兩個概念和問題，何為好人？何為善？肯定沒有多少人能說清楚。善惡不分，也就是非不明，那怎麼做事呢？做事的標準不清楚，你就很糊塗，以為自己挺聰明，事實上卻是迷人，做任何事都是被人、被事推著走。

經典教我們的，不是只要光輝偉大，放棄無私小我，聖人不會這樣教我們。聖人會教我們點滴認清，如何腳踏大地，又怎麼仰望星空；怎樣做好本職之事，然後如何腳踏實地的一步步起修。

怎麼起修，如何滴水穿石？聖人教給我們最基本的理

是宇宙的規律，包含做人的標準，以及什麼是善。當我有了善的標準，做人做事就能明辨是非，心中清楚何為對錯，就知道怎麼做事、做事的方向，才知道每一個決策按什麼標準。這樣才能不留遺憾，才能無漏，做出的每個決策都是圓滿的。這才是聖人教給我們的至理，是具象的、實際的。

跟隨聖人的經典，就能做到在世間圓滿，逐步五福俱全。身體不好，通過讀經修行，一點點的身體健康了；自己的身體健康了，掌握了規律，當別人有病時，又能幫助別人調理身體，這就是推己及人。把自己修好了，首先推及的是自己最親最近的家人，我的家人也一定隨我修好了；家人好了，我的公司、企業員工也會從我這兒受益，再教導他們也找到自己，明辨善惡是非，正他們的知見，他們也都會做出正確決定；員工的知見正了，公司、企業就會和諧發展；繼續向外推及，我住的社區會受益於我，我所在的城市會受益於我，我所在的國家會受益於我。這就是孔子儒學八條目中的：修身、齊家、治國、平天下。

一定要從修身開始，先把自我修好；而後齊家，就會家庭和睦，家族興旺；五福俱全了，我所在的企業、城市就好了；進而我的國家就會好了。人人都按這條路起修，

國家能不富強？民族能不崛起？這就是儒學十三經當中教授的如何修行，而且儒學十三經也有順序，從哪部經開始起修，每一步修哪部經，到哪部經收尾，從而形成圓滿的修行過程。這一定得有明師指點，不然經典一樣也會修偏。

第三節
恢復正體字之核心
燈燈相續復我文明

　　想學經典，文字學清楚了嗎？現在用的文字有沒有問題？是正字還是邪字？在此可以明確的說，現在中國大陸所學的簡體字就是邪字，不符合漢字規範。

　　真正的漢字規範來自於神授體系，而不是人發明創造的。上古之神不僅傳下來漢字，而且把漢字的體系、標準、結構都教給了我們，是一套完整的漢字結構學。每一個字都表音、表意、表象，自有規矩在其中。那為什麼現在中國大陸的簡化字是邪字呢？因為這套簡化字，不是按規律來的，而是全憑人的腦袋想出來的。

　　舉一個例子：現在的國字，是怎麼由繁體的「國」演變成簡化字「国」的？

　　這就又講到了，太平天國仇恨中華傳統文化，宣稱自己代表西方，但卻根本代表不了上帝，因為上帝在地球上有「代理人」。羅馬梵蒂岡的教皇是上帝的法定代理人，領導幾十億基督徒。太平天國起義後聲勢浩大，梵蒂岡得

到消息後，教皇非常高興，突然冒出一個根據地，又多出幾千萬信徒，都是信上帝的人，要革命推翻清政府，有可能做中華之主。大主教馬上派使者來指導太平天國，上帝的兒子需要教廷的認可和幫助。使者來見洪秀全，考察了三個月後，大主教接到彙報差點被氣死，洪秀全等就是打著上帝名義的一幫流氓。上帝什麼時候有私生子的？《聖經》都沒讀過，就敢說自己是上帝的二兒子！殺燒搶掠，打著上帝的名義，無惡不作，這幫流氓怎麼能代表上帝呢？所以，教廷很明確不接受他們。而洪秀全還是假借上帝之子的名義，繼續塗炭整個中國。

正是太平天國，把正體字「國」改成了外框裡面一個王字。根本沒有按照表意、表象的規矩，就是一心想成為「中國之王」的個人想法。中共建國後，語言文字學者把太平天國的簡化字拿來參考、討論，這個簡化字「囯」，國中有王、王中有國，「王」字既不符人民政府的政治要求，諧音又有亡國之意，不好！郭沫若一拍腦袋提議，在王上加個點，變成玉字，國中有玉，簡化成了「国」。

然而，文字是民族的集體潛意識，不可兒戲。每一個文字都要被說、被寫，一個「國」字處處皆有，就是集體潛意識的象徵。國中有玉，玉就是財寶、金錢，潛意識中

國家就只剩錢了，舉國一切向錢看。看看現在的中國人，難道不是如此嗎？人拍拍腦袋想出來的，能實現表音、表意、表象嗎？但是，中國現行的 2236 個簡體字，都是這麼來的。

中國現在用的簡體字，帶著破壞傳統文化的恨意，所以有人稱它「破體字」。繁體字的「國」，表音、表像、表意：外框的「囗」是國家的邊界，國有界限；裡面有「戈」，代表兵器，強大的武裝力量；小的「口」代表人口、眾生、子民；口下的一橫代表國土。一國之中有子民，有土地，有強大的軍事力量保護著，有疆域界限，這是表象和表意。而現在中國的「国」中只剩錢了；太平天國的「囯」中只有王，都想當王，誰也不服。太平天國為什麼敗亡？就是因為人人都要當王！一個字可以看出多少深層內容，這就是漢字的奧妙，大家也要認清漢字現在的問題，真正的復興就是從文字開始復興！

這裡再給大家介紹一些簡化字中，被掏去字之核心的代表：

爱（愛）：愛字無心。字的本意為愛在家裡，心心相連、長長久久。現在的愛，家裡變成「友」，夫妻成朋友，而且心不相交。這樣能有孩子嗎？又計畫生育，所以諸多

不孕不育。中國離婚率現在是世界最高的，跟簡體的「愛」字大有關係！

党（黨）：黨字無黑。作為一個黨，「黑」是最基本的東西，代表力量和手段，結果簡體的「黨」變成兒子了。

听（聽）：聽字無耳。現在的聽字變成口了，所以現在人都不會聽、只會說，口中斤斤計較，根本靜不下心來聽。「聽」有耳有德，意味著傾聽內心的聲音，不是向外聽，而簡體的「聽」全都變成斤斤計較。

产（產）：產字無生。字裡最重要的「生」被掏出去了，「產」就是為了不斷生出新的東西，然而把生去掉，「產」就空了。從字的結構來講，也空缺了一大塊，完全不符合漢字構字方法。

凤（鳳）：鳳字無鳥。「鳳」是神鳥，結果簡體的「鳳」中沒有鳥了。

叶（葉）：葉字無草。「葉」應當有草有木，簡體的葉，是一個「口」和一個「十」，有協同的意思，跟樹葉有什麼關係？

面（麵）：麵字無麥。麵沒有麥子，那麵怎麼做出來？結果現在中國都是轉基因食品，沒有實實在在的「麵」了。

运（運）：運字無車。「運」沒有車，拿什麼運？運的都是空的，都是雲，都是虛的，虛「運」一場，哪能不空虛。

体（體）：體字無骨。強大的身體，體育鍛煉、體育比賽，都需要骨支撐。結果簡體的「體」沒有骨了，何談強大。

亲（親）：親字無見。「親」人不相見，如何能親。親人見不到面，就沒有親情了，這個字已經改變了中國人的集體潛意識。

宾（賓）：賓字無貝。「賓」客帶著少量寶貝禮物到主人家中做客。簡體的「賓」客都是兵，兵是匪、是強盜，到主人家偷搶去了。

現在的簡體字當中，這種情況太多了，只要簡單想想，你就會發現有太多的問題，這2236個簡體字，意味著中國人常用的一、兩千個漢字，基本上全都被改了，把核心都掏走了。在此我鄭重呼籲恢復繁體字。有人說繁體字筆畫多，其實錯了，繁體字是由大家很熟悉的幾百個字根組合構成，不需要更多記憶。記住字根，更換不同組合方式，就形成一個文字。字看似繁瑣，其實記憶和使用都不繁瑣。

中國大陸的小學生學簡體字，與臺灣、香港小學生學

繁體字相比，六年下來，大陸的孩子沒有比臺灣、香港的多識多少字，沒有太大差異。這方面做過測試，孩子學繁體字和簡體字沒有太大的差異，不是說學簡體字很快，就能多認很多字、多讀很多書，因為中華文字是表音、表象、表意的。學了簡體字，也能看懂繁體字，為什麼？就是因為字有音、有意、有象，雖然我可能不會具體寫，但一看大概就知道是什麼字。除了大陸自己創造的一些簡體字之外，臺灣人看大陸簡體字，基本上也能看出來是什麼。

文字是一個國家民族文化和文明的基礎、基石，太重要了！中華傳統文化要想復興，沒有別的路，首先要從文字開始。只有恢復正體字，才能真正看懂經典，才能讀懂經典，文字是經典的基石。如果用現在的簡體字，我們根本無法看懂經典。

中國現在為什麼醫院人滿為患？不是因為人多，也不是醫療水準不夠。這也是簡體字的一大陰謀，你信不信？看一看這個字：

臟（臟／髒）：五臟六腑。「臟」的意思代表月之菁華藏在體內，才是我的臟腑。現在居然把「臟」簡化、替換成與骯髒的「髒」為同一個字。這是不是有意的？就差那幾個筆畫嗎？不是吧！如此天天看、天天念，中國人能

不得病嗎？

　　文字是直接影響人們的集體潛意識的。人們每天書寫、交談中使用這些字的時候，心和字都是相應的，這是漢語文字的特性。看看中國人現在相應的都是什麼！國家都是玉、是錢，大家為了錢不擇手段，為了錢沒有道德底限，而且賺了錢全都跑到國外去了，沒有人想著國家民族，「國」字之中，我們的士兵呢？力量呢？國人和土地呢？「臟」是藏月之菁華，再簡化怎麼能把菁華改成「髒」呢！「愛」怎麼能沒有心呢！「親」怎麼能不相見呢！怎能都把最重要的核心去掉呢！

　　2236 個簡化字，一個個研究，可以發現這套簡化字中帶著恨，完全不符合中華漢字的結構學，根本不表音、不表意、不表象，這是要毀滅華夏的文明。在中國大陸，我這個年紀的人基本上已經看不懂經典了，字都不認識；再往下的兒孫輩，還能看懂經典嗎？現在還能看到正體字，還能理解它的意思，等到我們的孫子就什麼都看不懂了，一旦經典、經學消失的那一天到來，華夏的神授文明體系就到了消亡的時候。到時候，中華文字就要被拉丁字母文字取代，中華的文化將徹底消亡，神授的華夏文明體系，就在我們這幾代人手裡徹底消亡了！

我再次強烈呼籲：中華傳統文化復興，必先從正體字復興。而不幸的是，近兩年中國教育部又頒布，高考中使用繁體字不給分，絕不允許用繁體字。還在強化摒棄繁體字，用繁體字居然犯法了，太可悲了！這並不是說政府有意毀我傳統文化，而是他們不懂其中蘊藏的內涵，不知道祖宗的文明規律不能隨便去改動，那是神授的文明體系。

中國歷史上，「聰明人」一旦引導歷史的時候，只會給社會帶來災難。他自認為聰明，其實極度愚昧無知；認為自己偉大，會引領歷史潮流，其實都是他自己認為的想法。老祖宗訂立的規律和規矩，能維持一個朝代穩定繁榮幾百年。中華上下五千年，從夏商周開始，夏、商都是幾百年，周朝八百年，大漢四百年，唐宋明清都是三百年左右，只有元是外族，統治了不到一百年。為什麼中國歷史上能有這麼穩定的大朝代，有幾百年的穩定統治，這都是遵循祖宗的立法祖制，而不是什麼都去打破、去革命，不是人為創造的就一定對。那些聰明人不知道老祖宗為什麼訂立這些規律，聰明人根本不是在創造歷史，而是在毀壞歷史。

何為天道？天是有其運行規律的，你不按它的運行規律來，就會生靈塗炭。當歷史上人類有大災難時，都是自

詡「聰明人」、自以為是的帝王們帶來的，天天變法、時時革命帶來的。有人說：難道中華傳統文化裡就沒有一點僵化腐朽嗎？確實有，但是也有精髓所在，而且以精髓為主。不然的話，為什麼兩百年前的幾千年裡，都是中華引領世界呢？

誰能否定中華幾千年來雄踞世界之巔？不管經濟、文學，藝術、哲學、思想、武力各方面，都是最超前、最巔峰！為什麼？就因為文字！尤其對於文化和文明的復興，文字太重要了！下面我們繼續講語言結構，將會更進一步體會中華文明的高度發達。從文字上應該已經體會出來，我們文明體系多麼的智慧、多麼的超前，這是一套超前的文字體系，自從我們得到時，就是整套成形的。中華要想征服世界，必是用文化文明去征服，首先用文字，之後是這套語言體系，然後才是用我們的經典征服世界。

華人曾在世界各地建孔子學院，現在全撤了，外國人為什麼不學？看看孔子學院的老師都給外國人講什麼，就知道問題所在。只拿起孔子的《論語》教知乎者也，人家怎麼能願意聽？就算給咱們國人講，都不會願意聽的。老外說方塊字那麼難寫，我為什麼要學？學了那些又有什麼用？這無數個為什麼，孔子學院的老師都解答不了。他們

能把中華文字真正的源起講清楚嗎？能把每個文字代表的意義和作用講清楚嗎？

　　中華文字是如何排列組合的，多麼優美！都是全息、整體、立體的象，每個文字都是一幅優美的畫面，所有的文字組成起來，那是一部電影，那是一套故事，四個字就能形成一個系列故事，有聲音、有場景、有人物，是全息立體的。如果用這種方式去講，不用說外國人，中國自己也會對文字產生興趣！當中國人自己也想學、想深究，外國人才會被我們優美的文字、完善的體系所打動。真正打動他以後，對華夏先祖的崇拜之心就會油然而生！

　　孔子學院，是要把中華的儒學文化與智慧，向全世界推廣。不能只看著英美的文化影響中國，讓中國人認同，我們也要拿出中華的文化，讓他們認同！這就是文化的戰鬥。文化是戰爭，這場戰爭比軍事核戰爭還要更有威力，搶奪、攻占的是人心。蘇聯為什麼解體？就是人心被英美教育和文化攻破了，有再強的武力都沒用。

　　中華一定會崛起！但是要記住，中華的崛起必要從文化開始，文化崛起的基石就是文字，所以用這麼長的篇幅來給大家講文化和文字。希望所有有緣讀到本書的華人，從現在開始作一盞燈，研究我們的文字，除了自己研究，

同時教導孩子去研究中華文字，寫毛筆字、用正體字，一個一個字的學，學出興趣，把內涵和深意傳達給孩子們，讓孩子們對文字感興趣。

希望人人都可以把中華文字研究透徹，把語言結構研究透徹。我講到語言結構時，你會進一步感受，中華的祖先多麼偉大，多麼智慧！然後繼續講經典，更可以瞭解中華的祖先，為什麼被稱為聖人，經典給我們傳遞的又是什麼。

我們每個人都是一盞燈，一步步的先把自己點亮，然後照亮我們的家庭、照亮我們的家族、照亮我們的企業，再照亮我們的城市，最終照亮我們的國家和世界。燈燈相續，很快中華傳統文化神性體系之燈，就會以幾何級數蔓延開來，會照亮整個中國，照亮全世界！

如果是身在海外的華人，也可以好好從文字開始起修，去影響身邊的外國人，傳遞中華神性的文明，和這套神性的文字體系。中華文字更深的好處、優勢和意義，更深的理解應用，在後面講經典的時候會繼續解說。中華文字力量無遠弗屆、無比神奇，文字能治病、文字能破災，文字能將人帶向圓滿。這都是有理可循的，這就是道。文字般若是真正的智慧。大智慧就在文字中，而這僅指中華

的古文字，不是現在中國大陸用的簡化字。

　　中華的古文字、正體字是連接人與神的階梯，是中華神性後代連結神之祖先的天梯。我們已經忘了自己是神後代，與神隔絕的我們，只有透過文字，才能找回我們的神性；透過文字，踏上返回神之境界的道路，我們才能有所昇華！通過攀上文字這道天梯，接著研究語言結構，然後學習經典。透過經典，我們就可登天。

　　這就是中華民族獨有的、上古高度發達文明的神，給人類留下來的一套完整又難能可貴的智慧體系。千萬不能把這神性的文明，在我們這一代手中丟失殆盡，否則我們就是不肖的炎黃子孫！

卷尾一語

　　我們中華的文明體系是神授而來，但在這兩代華夏兒女手中即將消亡，文明消亡的標誌就是文字的消亡。文言文已經基本消亡，文字再消亡，漢語就會被拉丁文替代，都是字母文字了，我們的文化就斷絕了，從而信仰也隨之徹底消失了。信仰一旦消失，我們就會歸入西方的信仰體系，中華民族將再也沒有凝聚力，甚至不再是一個民族，中國人必將成為一個種族——黃種人。

　　神授的語言、文字和文言文是構成文化的基礎，而另一個重要基礎就是信仰。信仰與文化之間、與國學之間的關係，與文字、語言、文言文一樣，都是缺一不可的、最基礎的奠基石。文字、語言、文言文是信仰的傳承體系，深層的信仰本身就是文明的根基，而信仰源自於哪裡？我們在文字、語言、文字的結構、文言文傳承體系之後，把信仰也一定講清楚。這是要把傳統文化、文明體系扛起來、舉起來的一代人！人人點亮那盞文化的燈，中華信仰的燈塔不熄，神性文明的萬丈曙光必將重新照耀大地，星星之火必可燎原！

明公啟示錄

解密中華文明真相（一）：尋根中華文明之文字起源

作　　　　者／范明公
出 版 贊 助／全竞
主　　　　編／張閔
文 字 整 理／龔麗娜

美 術 編 輯／申朗創意
責 任 編 輯／武子芹
企 畫 選 書 人／賈俊國

總　　編　　輯／賈俊國
副 總 編 輯／蘇士尹
編　　　　輯／高懿萩
行 銷 企 畫／張莉榮・蕭羽猜

發　 行　 人／何飛鵬
法 律 顧 問／元禾法律事務所王子文律師
出　　　　版／布克文化出版事業部
　　　　　　　台北市中山區民生東路二段 141 號 8 樓
　　　　　　　電話：(02)2500-7008　傳真：(02)2502-7676
　　　　　　　Email：sbooker.service@cite.com.tw
發　　　　行／英屬蓋曼群島商家庭傳媒股份有限公司城邦分公司
　　　　　　　台北市中山區民生東路二段 141 號 2 樓
　　　　　　　書虫客服服務專線：(02)2500-7718；2500-7719
　　　　　　　24 小時傳真專線：(02)2500-1990；2500-1991
　　　　　　　劃撥帳號：19863813；戶名：書虫股份有限公司
　　　　　　　讀者服務信箱：service@readingclub.com.tw
香港發行所／城邦（香港）出版集團有限公司
　　　　　　　香港灣仔駱克道 193 號東超商業中心 1 樓
　　　　　　　電話：+852-2508-6231　　傳真：+852-2578-9337
　　　　　　　Email：hkcite@biznetvigator.com
馬新發行所／城邦（馬新）出版集團 Cité (M) Sdn. Bhd.
　　　　　　　41, Jalan Radin Anum, Bandar Baru Sri Petaling,
　　　　　　　57000 Kuala Lumpur, Malaysia
　　　　　　　電話：+603- 9057-8822　　傳真：+603- 9057-6622
　　　　　　　Email：cite@cite.com.my
印　　　　刷／韋懋實業有限公司
初　　　　版／2021 年 1 月
售　　　　價／300 元
I S B N／978-986-5568-08-5

城邦讀書花園　　布克文化
www.cite.com.tw　WWW.SBOOKER.COM.TW